情熱をお金に変える方法

7年間で転職41回、借金2200万円！
僕が暗黒時代を乗り越えた驚くべき方法

ますだたくお

すばる舎

JN146777

◎はじめに

この本は普通の人が書いた本です。

こういう本を書く人たちの経歴を見てほしい。○○大学卒、○○修士号、有名コンサルティング会社出身、数々の受賞……、挙げたらキリがない。

でも、僕の経歴や略歴をご覧になってほしい。

何もない。

そりゃ、大学スべって専門学校に行って特別賞をいただいたりとか、水泳をやってて入賞したとか、そういうのはある。きっとあなたにもあるかもしれない。「21歳から個人事業主として闘ってきた」と言ったらカッコイイけど、現実はそんなに甘いもんじゃなかった。

ネットワークビジネスをやって親から勘当され、友人はいなくなり、お金も底を尽きた。それに飽き足らず、本業では食えなかったのでマクドナルド、モスバーガー、すき家、スターバックス、引っ越し会社、丸八真綿、悪徳リフォーム会社、NTT西日本光事業部や溶接会社など約40種類のアルバイトや職業を経験するハメになった。それが未来の僕の職業の助けになるなんて思いもしなかった。

そこから、僕なりに大逆転の道を歩んで行くんやけど、何も特別なことをしたってことはない。しいて言えば、「うまくいかせたいという情熱とか熱意とかエネルギー」が僕を突き動かした。

あなたに伝えたいことがある。

あなたには、情熱があるか？
熱意があるか？
エネルギーがあるか？

僕も最初はなかったけど1つの小さな成功が雪だるま式になって今の自分を作ってくれた。特別なスキル、天性の才能、親兄弟からもらった資産、そんなものはむしろ邪魔になるだけである。依存するからロクなもんじゃない。持たない方がいい。持っててても使わないなら持ってないのと同じである。

この本では、僕があなたに「情熱をお金に変える方法」をすべてお伝えする。あなたがお金を愛していないのは知っている。でも、自分の未来を愛することはできるだろう。それをマネタイズすることができる。その方法はとても簡単である。「やればええんや、やれば！」ということ。ごちゃごちゃした情報はない。

あなたの情熱をどこにぶつけるのが最適なのか？
あなたの情熱はいつお金を生んだり人を救ったりするのか？

それが書いてある教科書である。あなたの知らないあなたに出会える本である。成功とは言ったけどそんなものはどうでもいい。結果がすぐに出なくてもいい。ただ、わかってほしいのは、なんの保証がなくても一生懸命やった1人の何もない男がここまでできたということである。

何が言いたいのか？

簡単である。次はあなたの番であるということ。

偏差値40でもできることが山ほどある。きっとあなたにもできる。この本を読んで魂を燃やしてほしい。そして、あなたの周りにいる人たちを幸せにしてあげてほしい。あなたはこの本を読んでやるべきである。選ばれた勇者として。

第1章
あなたは絶対に金持ちにならなければならない

第2章

あなたの心に住みついた凡人を今すぐ追い出せ！

第3章

あなたの中に眠っている成功者を今すぐに叩き起こせ！

第4章

世界でいちばん簡単な「成功する方法」

第5章

あなたの人生を変えるのはあなたの情熱だけ

プロデュース……湊 洋一（ＭＸエンジニアリング）
構成…………別所 諒
編集…………貝瀬裕一（ＭＸエンジニアリング）
ブックデザイン……bookwall
ＤＴＰ制作……津久井直美

第1章

あなたは絶対に金持ちにならなければならない

この世には、
高所得者と
低所得者の
二種類しかいない

年収1000万円というのは高所得者だろうか？

年収1000万円って、微妙なラインではないだろうか？

所得の高い低いに明確な定義があるわけではないので、どう感じようとあなたの感覚は間違っていない。しかし、その感覚によって、あなたは高所得者になることもできるし、低所得者に甘んじることにもなる。

僕は、**年収3000万円以下は低所得者**だと定義している。

人によっては、「えっ？」と思う人がいるかもしれない。

あくまで僕の基準だ。

ビル・ゲイツや、ウォーレン・バフェット、ジェフ・ベゾスは違う定義を持っているかもしれないし、僕を低所得者と呼ぶ大富豪も世の中には存在する。

ビジネスでお金を稼いでいる人は、お金を稼ぐという強い情熱を持っている。

この本では、あなたの情熱を燃え上がらせ、お金を稼ぐ方法を伝授したい。

稼ぐ金額の設定はあなたの自由だ。

あなたが今の状態に満足ができず、もっとお金を稼ぎたいと思うなら、耳の痛い話かもしれないが、聞いてほしい。

ローン、節約、家計のバランス。

もし、これらの単語に違和感がないとすると、あなたのマインドは低所得者の域にある。

次に、年収1000万円の人と年収2000万円の人ではどちらが成功者だろうか？

どちらかを選んだとしても、あなたのマインドは低所得者の域にある。

高所得者は、ローン、節約、バランスを考えることはないし、年収1000万円も年収2000万円も彼らから見れば、低所得者でしかない。

低所得者に共通するのが、収入を他人と比較するという点だ。

収入を他人と比較するというのは、まだ低所得のフェーズにいるということだ。

高所得者は、他人と自分を比較しない。

彼らが考えているのは、どこまで自分の存在を高みに持っていけるのかということ。すでに収入自体にも興味がないのかもしれない。

このような話をすると、「想像ができない」と言われることが多い。

それでいいのだ。

周りと足並みをそろえる必要はない。

あなたの想像ができる世界にいる限り、あなたが想像できる収入しか得ることはできない。

世の中には、高所得者と低所得者しかいない。

高所得者になりたければ、低所得者にはまったく想像ができない世界に足を踏み入れよう。

心構えはできたかい？

成功の鉄則

高所得者になりたければ、今の自分が想像できない世界に足を踏み入れる。

「人生はお金ではない」という負け惜しみを捨てる

僕の人生において、お金のプライオリティが高い。

逆に世の中には、「人生はお金ではない」と言う人もいる。

そういう人からは、僕は嫌われている。

「人生はお金ではない」と言う人を僕も好きではない。

でも、それぞれの価値観があっていい。

問題があるとしたら、お金を稼ぎたいと言っているのに、「人生はお金ではない」と言っている場合だろう。

お金を擬人化して考えよう。お金を恋人だとして、「君（お金）が人生ではない」と言うあなたに彼女（お金）は、一緒にいようと思うだろうか？　まして、「君（お金）が好きではない」なんて言ってしまったら、さっさとよそへ行ってしまうだろう。

お金を少しでも嫌ったり、寄せ付けないマインドを持っている人はお金にも嫌われる。彼女に嫌われているのに「好きではない」なんて言っている男はダサい。

ダサい男が何を言っても負け惜しみにしかならない。

人生はお金ではないならいったいなんだ？

大切な人が重い病気にかかって手術することになったとしよう。

その時に、必要なものはなんだろう？

いい病院、腕のいい医師、血液や臓器を提供してくれるドナー。これらに合わせてお金が必要だ。

人生はお金だけではない。愛や仲間が大切なことを僕も知っている。

だからこそ、僕はお金を稼ぐことを重要だと思っている。

お金を稼ぐことができていないから、「ほかのものが大切だ」と言っているとしたら、単に自分を正当化しているだけではないか。

高所得者は自分に正直だ。

そして、他人の気持ちもよくわかる。

だからこそ、モノが売れたり、サービスを利用してもらって、莫大なお金を手にするのだ。

一方で、自分を正当化したり、他人を批判したり、争っているのは、ほとんどの場合、低所得者だ。

負け惜しみを言いたい奴には言わせておけばいい。

あなたは負け惜しみを言ってはいけないし、耳を傾ける必要もない。

一心不乱に高所得者を目指せばいい。

昔から「金持ちケンカせず」と言うではないか。

「お金を稼ぎたい」という自分の気持ちに忠実になる。

お金を稼いで、高所得者になったからといって、大切なものが汚れたり、なくなったりするわけではない。

むしろ、お金がないことで失ってしまう愛もある。

彼女や彼（お金）を大好きになろう。

成功の鉄則

愛はお金で買えないが、お金がないことで失う愛はある。

貧乏は「勉強不足」という名の精神病

貧乏は一種の精神病だと思う。

だが、幸いなことに完治しやすい病気でもある。

高所得者は、人の気持ちがよくわかっている。だから、人が欲しいと思うような商品を考え、魅力が伝わるように宣伝できるので、より多くの人に商品やサービスを買ってもらえる。

サラリーマンでも、同じように成果を上げることができる。社長の気持ち、上司の気持ち、お客さんの気持ちを理解できる人は必ず成果を上げているだろう。

そして、お金を稼いで、税金を支払い、社会に還元して貢献をすることで、次の所得サイクルが回る。

貧乏だということは、人の気持ちへの理解が不足しているということだ。

ぶっちゃけ、お金がある人ほど税金を支払い、貧乏な人ほど、税金から支払われる補助金や助成金を狙う。精神病の人は他人のことなど考えることができないから病気なわけで、貧乏な人が他人のことを考えられないなら同じように病気だ。

つまり、ギブがないまま、テイクやエクセプトを求めているということだ。

「与える者ほど与えられる」という話を聞いたことがあるだろう。

この話を知っていながら、与えずに求めるというのは、精神病だと思う。

この精神病から抜け出す方法は簡単だ。働けばいいのだ。

懸命に働くというマジックピルを飲むことで、病気は完治する。

貧乏が深刻化すると、「他人に文句を言う」という行動を繰り返す。

そもそも他人の文句を言って、自分の収入が上がるのだろうか？

一部の評論家を除けば、たいていの場合、自分自身の評価を落として終わりだ。

こんなことになるのは、すべてのことを自分ごととして捉えていないということが原因だ。

もちろん、貧乏がその人の責任ばかりでないこともある。

たとえば、お金を稼ぐということから最も縁遠いのが学校の先生だが、こうした方々から教育を受けると病気になっても仕方がない。

自分が病気だと思うなら今すぐに抜け出そう。ハードワークというマジックピルを飲もう。

そして、「正しい情報は何なのか？」を見極めよう。

自分が貧乏という精神病にかかっていることを自覚せずに、「世の中はこうなんだ」と決めつけている人が少なくない。そんな話に耳を傾けていると、あなたも病気が深刻化する。

金持ちになりたいなら、金持ちの出している情報に触れることだ。真実は本人の口からしか聞くことができない。僕は、他人の文句や噂話に一切耳を貸さない。

なぜなら、そこに真実はないからだ。

貧乏なのは自分が生きてきた結果。

これを自覚して、すべての結果を自分の責任と捉えることで、貧乏から抜け出す一歩を踏み出したことになる。

成功の鉄則

ギブを考えずに、テイクだけを求めるのは貧乏という精神病である。

まずは人生
お金であれ、
次に愛であれ

「人生まずはお金」という話をすると、苦い顔をする人がいる。

苦い顔をする人は、満足できる収入を得ていない人だと断言することができる。

今現在、十分な収入があるかどうかは問題ではない。大切なことは、経済から逃げないことだ。

「お金では買えないものがある」というのは正しい。だけど、実際にはお金がないと買えないものが多過ぎる。「買わない」と「買えない」はまったく違う。

僕は、お金をたくさん稼いで貧乏から抜け出した時も普通の国産乗用車に乗っていた。

「ベンツを買わないの？」と言われたが、欲しいわけではないので買わなかった。

代わりにフェラーリを買った。憧れの車だったが乗りにくい。

結局、すぐに手放したのだけど、それも買ってみないことにはわからない。

僕がお金を稼ぐことを肯定しているのは、それまで見えなかった景色が見えるからだ。外からフェラーリを見るのと、自分で乗って走らせるのとでは見える景色がまったく違う。

あなたが商売人ならお金を稼ごう。

1に金、2に金、3、4もお金で5に愛だ。

お金がなくて愛が続かないなんてことになってはいけない。お金がないのにお金以上に大切なものがあるなんて心を荒ませてはいけない。

お金が分母で、愛が分子。分母が大きいほど、大きな分子を乗せられる。

それでいいではないか。

よく「お金のメンタルブロック」なんて話を聞くけど、そんなものは即刻破壊してほしい。

その方法は、少々荒療治になるが、**痛みを伴う金額を支払う**ということだ。

以前「お金のメンタルブロックを外す」というセミナーに参加したことがある。

参加者は満足していたようだが、講師が僕に質問をしてきた。

「今日はどうでしたか？」

「勉強になりました。ところで、先生の年収はいくらですか？」

「2000万円ほどです」

「僕の講座の塾生はもっと稼いでいます。よかったら僕の講座に来ませんか？受講料は〇〇〇円です」

こんなやり取りの末、彼は「検討させてください」と答えた。

嫌味な言い方になるけど、彼にもお金のメンタルブロックがあるということだ。もちろん、誰にでもお金のメンタルブロックはある。完全にゼロにするのは難しい。しかし、自分に課した上限を突破することはできる。

塾生の１人に、借金をして講座に参加してくれた女性がいる。彼女がお金を持っていないことは知っていたが、値引きは一切しない。それは、痛みを伴う支払いをした彼女は必ずお金を稼ぐことができると確信していたからだ。

彼女の経営するレストランは繁盛し、今はもっと高額な講座に参加してくれている。

成功の鉄則

1にお金、2にお金、3、4もやっぱりお金。で、ようやく5に愛情。

働く
モチベーション
としての金儲け

ミッションや理念が働くモチベーションになるという話がある。

こうした話が嘘だとは言わない。

しかし、ミッションや理念を掲げてもモチベーションが上がらない場合、あなたにはミッションや理念がモチベーションにならないということだ。

自分を美しいと思えなくても仕方がない。

それが事実だからだ。

モチベーションを上げる源泉は、モノ、コト、経験に分けられる。

欲しいモノがあるからモチベーションが上がる。

悔しい思いをしたからモチベーションが上がる。

何かを見たり、誰かに会ったり、何かを経験したからモチベーションが上がる。

成功者の話は、彼らが成功したから語られる。

そこには割ときれいな話がまとめられているが、スタートは、どす黒い欲望だったり許せない奴がいるなんてことは珍しくない。

金儲けをしたいなら、お金で手に入るモノをモチベーションにするとわかりやすい。

いや、金儲けをするモチベーションは、モノであるべきだとさえ思う。

欲しいモノが手に入ったら、次に欲しいモノが出てくる。

欲望を拡大させることで、モチベーションは上がっていく。

あなたは何が欲しい？

欲しいモノを具体的に思い浮かべて、手に入れた時の自分の様子を明確に思い描いてほしい。このとき具体的にイメージができるほど、あなたが欲しいモノが手に入る可能性が上がる。

ところが、イメージをできる人が少ない。メンタルブロックなのか、善人過ぎるのか、謙虚なのかはわからないけど、欲望に忠実になるのは難しいようだ。

お金を稼いで、お金で買えるモノ、経験できることが増えると、お金に感謝できるようになる。

僕は銀行通帳を記帳する瞬間が大好きだ。

あの「ジジジジ」という音が大好きだ。

僕の仕事は、支払いはカードで済ませているので、ATMで記帳する時の「ジジジジ」という音は、すべて入金されたお金だ。

ATMがあなたの巨大な貯金箱に見えたとしたら、あなたはどんな気持ちになるだろう。好きな時に好きなだけお金を引き出し放題だ。そうなれば、きっと、モチベーションを上げる必要などないのではないか。

そんな自分をイメージして、お金儲けのための行動をすればいい。

美しいミッションや理念は、金持ちになったあとに考えればいい。

モチベーションを上げるための本など読むな。

欲を持て。

それでモチベーションは上がる。

成功の鉄則

欲望を持ち、それを拡大させれば、モチベーションは勝手に上がる。

お金持ちになる
方法を完璧に
捨てたら
5000万円！

世の中に「お金持ちになる方法」というのはたくさんある。

しかし、ほとんどの人がお金持ちになっていない。

僕もお店を繁盛させるためのコンサルティングを仕事にしているのだけど、あえて「お金持ちになる方法」のカラクリを説明しよう。**「お金持ちになる方法」とは、お金持ちになる方法を提供している人がお金持ちになるサイクルなのだ。**

では、増田塾は詐欺なのか？

はっきり言えば、詐欺だと思う人にとっては詐欺だ（もちろん、警察に捕まるような意味の詐欺ではないけど）。実は、この事実を知ることがお金持ちになる第一歩だったりする。要は、方法だけでお金持ちになるわけがないということを知るということだ。

「お金持ちになる方法」という情報を100人が知ったとしよう。少しやってみる人が10人いる。最後までやり切る人は1人くらいの割合だ。そして、お金持ちになるのはこの1人。詐欺だとか言い出すのは、残りの90人の誰か。話はそれで終わらない。

お金持ちになった1人は「新しいお金持ちになる方法」の情報提供を始める。で、またしても100人↓10人↓1人のサイクルが回る。

面白いことに、最初の情報に詐欺だと言っていた人も、新しい方法を買っていたりする。それで、同じように「詐欺だ」と言う。少し有名になると、講座も受講していないのに、人のことを詐欺だと言い出す奴まで出てくる。

ちなみに、「ますだたくお　詐欺」とネット検索をしてほしい。僕が面識もない奴があれこれ書いている。それはそれでいいのだ。情報を提供している側は、「知った気にさせる」ことでお金が儲かることを知っているからだ。

実際のところ、「知っただけで満足」という人が最もいいお客さん（何度も買ってくれる）になる。

なぜ、情報を知っただけで満足するのか？　それは、終点まで行かないことが原因で、終点まで行かない原因は、終点の風景を知らないからだ。

終点の風景を知らずに、「きっとこんなもんじゃないの？」とほんの少しやっただけでやめてしまう。

世の中にある「お金持ちになる方法」が詐欺かどうかは知らない。でも、お金持ちとはどんな状態なのかを教えずに、方法を提供するだけでは片手落ちだ。だから、僕の塾では、お金持ちについてきちんと教えるし、何よりも行動を重視している。

ある時、**僕は新しく学ぶことをやめた。その代わりに、これまで学んだことを強烈に実行することにした。結果は年収が5000万円に跳ね上がった。**

やればいいということは誰でも知っているけど、行動ができない理由も簡単で、最初からうまくやろうとするから体が動かない。最初は、下手でも構わない。どんなことでもやっているうちに上達するものだ。僕の塾が厳しいと言われるのは、塾生を冷たい水に突き落とすからだ。そうすれば、温水プールよりも早く泳げる。

成功の鉄則

冷水に飛び込めば、温水プールよりも早く泳げるようになる。

手に入らない
ものはない。
ただ配達が
遅れているだけ

アマゾンで本をオーダーすると、東京だとその日か翌日には届く。

今となっては当たり前のことだけど、ちょっと前までは、その日に荷物が届くのはバイク便など特殊な配送手段だけで、費用もそれなりにかかった。でも、今は送料無料（実際には、そんなことはないけど）で荷物を届けてくれる。

インターネットがあって、配送のインフラが整って、なんでも手に入れやすくなっている。

インターネットのおかげで、商売をする人も多くなった。商売を始めるための初期投資も少なくて済む。ピンポイントでお客さんに届く広告の精度は上がり、どんどん成功しやすくなっている。

僕は願望なんかも同じだと思っている。

願望の達成は、どんどん簡単になっていると感じている。

オーダーしたら願望が届く、そんなイメージだ。

欲しいものが手に入らないという人は、オーダーをしていないだけではないだろうか。

あなたは、欲しいものがある時に、「届けてください」とオーダーしているだろうか？

もしやっているとしたら、「いつまでに届けてほしい」と日時まで指定しているだろうか？

僕は、昔から欲しいものは日時を指定してオーダーしている。最近思うのは、昔に比べると、配達指定日よりも早く届くようになっているということだ。

あなたがお金を配達してほしいと思うなら、オーダーする時に、日時を指定して、振込先もはっきりと伝えておくことだ。

「○○銀行の○○支店の口座番号は○○○○○○です。○日までに○○万円を振り込んでください」

インターネットで注文する時と同じように、自分の願望をはっきりとオーダーしてみよう。

きっと欲しいものが配達される。

とにかく**オーダーはできる限り具体的にすることが大切だ。**通販で、「黄色の服」

なんて抽象的なオーダーをする人なんていないよね。

こうした話をすると「バカバカしい」と言って、やらない人がいる。

あるいは、やってもすぐにあきらめて、やめてしまう人もいる。

だからこそ、具体的なオーダーをしている人のところに、願望の達成が届けられるというのが、世界の仕組みだ。

僕の経験上、オーダーして手に入らなかったものはない。

手に入っていないとしたら、オーダーの内容が具体的でないので配送が遅れているか、どこに届けていいのか、配達員さんが迷っているからかもしれない。

今すぐ、「○日に○○を届けてください」と言ってみよう。

本気でね。

成功の鉄則

願望はできる限り具体的にオーダーすることで実現する。

金持ちになる「材料」を体に入れろ

おいしい料理には必ずレシピがある。

優秀な料理人は、その日の気分で料理を作っているわけではない。

逆に言えば、レシピを手に入れることで、同じような料理を作ることができるということでもある。

実は、高所得者にもレシピがある。

いくつかの方法があるけど、手っ取り早くレシピを手に入れる方法は本を読むことだ。

書店に行けば、高所得者になるためのノウハウが書かれた本は山のようにある。ただし、ノウハウを知っているけど、本人がそれほど高所得者でない場合もあるので、どの本を読むのかは著者を選ぶ必要がある。１つの選択基準は、タイトルにあおって買わせようとする意図がないものの方が中身が濃い傾向にある。もちろん、著者のプロフィールを見るのを忘れないでほしい。

本を読んだら、次の３つをチェックしよう。

1　彼らが誰に会っているのか

2　どこに住んでいるのか
3　何を食べているのか

丸ごと真似ることができれば、お金持ちに近づく。

ところが、本に書いていることを実践する前に、同じように本を読んだ人と情報交換をしてしまう人がいる。

大切なことは感想を語るのではなく、行動することだ。

100人が本を読んで、実行するのは10人、実行し続けるのは3人で、最後までやり遂げるのが1人だとしたら、仲間にしていいのは3人だけだし、場合によっては仲間はできないかもしれない。ところが、行動しない90人や実行しても途中でやめてしまう7人と話をするからおかしくなる。

自分の行動力に自信がないとしたら、他人が言う次の言葉に注意してみよう。

「みんな」「全部」「一般的に」

こう言う人たちに「それって具体的には誰?」と聞くと、せいぜい2~3人だったりする。それは、勉強をしているけど実行していない人の意見でしかない。

要は、間違ったレシピを取り入れていることになる。

ここで特別に高所得者の頭の中を教えよう。

彼らは、儲けることよりも、信頼されることを優先している。1つ1つの小さな信頼を積み重ねようとしている。**信頼が99パーセント、スキルは1パーセント**だと考えている。始めたことを続けることで信頼は生まれることを知っている。

それが高所得者になるレシピだ。

料理でも同じで、レシピを手に入れたら、レシピが身体に染み込むまで反復訓練をすることで、腕が上がる。腕が上がれば信頼される。

信頼が得られない人は、次から次へ新しいノウハウに飛びついて、続けないので信頼を得られないというサイクルになっている。口を慎み、行動し続けよう。

成功の鉄則

成功本を読んだら、感想など語らないで、まずひたすら実践する。

ブルーに
染まりたければ、
赤い絵の具を
捨てろ

誰でも何がしかのものを持っている。

その時に、考えてほしいのは、あなたが持っているものはそんなに大切なものなのかということだ。

「ムダなものを捨てることで、必要なものが手に入る」という話は、誰でも一度は聞いたことがあるだろう。

たとえば、あなたが持っている資格。

その資格はあなたが欲しいものを手に入れるために、必要だろうか？

お金が欲しいと思っているのに、食えていないなら、その資格はあなたに何も価値をもたらしていない。

次に友だち。

その友だちはあなたにとって、本当に必要だろうか？　あなたの人生を高めてくれているだろうか？

もしかしたら、たまたま近くに住んでいて、気が合うだけの人ということはないだろうか？

闇雲に、友だちを捨てることを推奨するわけではないけど、赤い絵の具のままでブルーに染まることはできない。

自分がどんなネットワークの中で生活をしているのか。

もしグチや不満ばかり言っている人たちのネットワークに中にいれば、あなたがどんなにプラス思考の持ち主であっても、必ずネットワークの影響を受けてしまうだろう。「そんな影響を受けないように気をつけている」と言う人であっても、影響を受けないように努力すること自体がムダだ。

それは逆に、**プラス思考をする人たちのネットワークの中にいれば、努力なんてしなくても自然にプラス思考になる。**

自分の願望にどっぷりつかれ。それがどんなにドロドロしていてもかまわない。まずは強烈な願望に忠実になろう。他人の目を気にしているうちは、考えが中途半端なのだ。

ムダな人脈は、あなたをチャンスから遠ざけている。

あなたが周囲と考えが違うと思うなら、本当に、あなたが会うべき人に会っていないということだ。
成功者の集まりに入れば、足を引っ張られることなんてない。
「それは無理だよ」なんてことも言われない。
大切なことは独断と偏見で決めていい。
終わったことは後悔しない。
うまくいかなかったら反省をして、再びトライする。
もう一度質問をする。
あなたが持っているものは、あなたが染まりたい色に染めてくれる絵の具だろうか？
両手にこびり付いた赤い絵の具を捨てろ！

成功の鉄則

ムダな人脈を捨てて、会うべき人に会うために今すぐ行動せよ。

嘘で塗り固め
られている
現実から
今すぐ逃げろ！

低所得者の友だちは嘘つきだ。

というか、高所得者からしたらあり得ないことを真実であるかのように話している。しかも、あなたのためを考えて言ってくれているので、聞かないわけにはいかない。

世の中の常識というのは低所得者の理屈で作られている。

「常識」とか「平均」という言葉は、いつの時代も怪しさ満載だ。

たとえば、あるデータによると、20代の平均年収は３５４万円となっている。この平均というのは、ほとんどの対象がサラリーマンである。だから、翌年は月給が１万円上がればうれしいというのが常識になるのかもしれない。だけど、事業家は翌年の収入が何倍にもなる可能性がある。

平均を見ると、女性よりも男性の方が、平均年収が高いというデータがある。だからと言って、男性が女性よりも優秀だということはない。僕の塾の参加者にはたくさん稼いでいる女性経営者も多い（まあ、男みたいな人が多いけど）。僕は稼いでいる女性にたくさん会っているので、女性の方がセンスもあるし、商売に向いていると思うこともある。

基準なんてものは人によってまったく違うものなのだ。しかし、ほとんどの基準は低所得者の考えをベースに話されるので、高所得者を目指す人の参考にはならない。**もし、あなたが高所得者の仲間入りをしたいなら、世の中の常識を鵜呑みにしてはいけない。**

年収354万の人が、年収1000万円とか2000万円を目指すのはいいと思う。しかし言っておくと、その金額は、一生安心して生活ができる金額ではない。年収1000万円くらいの人が最も預金がないというデータも出ている。しかし、それは平均のデータだ。あなたに当てはまるかどうかはわからない。

あなたに善意の嘘を言ってくれた人たちは、どんなことを教えてくれただろうか？　あなたは、これまで刷り込まれた嘘に気づいてほしい。

「もしかしたら自分の常識は間違っているかも？」と疑うことが第一歩だ。

心地いい話はたいていの場合、事実ではない。

嘘つきが本気で嘘をついたら本当に聞こえてしまう。あなたのためを本気で考えて、間違った常識の範疇で話をしているからだ。

低所得に慣れてしまったら、「お金がない」が口癖になってしまう。

でも、お金はあるところにはあるし、今も作られ続けている。

低所得の生活に慣れてしまった親や兄弟も間違っていることが多い。自分が生きてきた人生や周りの情報を鵜呑みにしているのだから仕方がない。

しかし、高所得者の常識とは、世の中と逆だ。高所得者の親に育てられた子どもは、低所得の子どもとはまったく違う常識の中で生きている。

世の中には、売る方と買う方がいて、売る量が多い人がお金を残している。逆に節約する方法を考えている人はお金を使わされている。

あなたが長年信じてきた常識を捨てるのは簡単ではない。勇気がいるだろう。

だから、一握りの人しか成功しない。これが高所得者の知っている真実だ。

成功の鉄則

世の中の常識は低所得者の理屈で作られているので、鵜呑みにしてはいけない。

column

ますだたくおの仲間たち 1

細谷隆広

Takahiro Hosoya

BUSINESS
治療院経営

彼は僕の一番古いお客様であり、友人です。これまで7年あまりの僕のコンサルティング人生のすべてを証言してくれる唯一の治療家です。

細谷先生の治療技術には定評があって、治療院でも安定して月商200万円以上をもう5年以上維持しています。治療技術、集客、リピート対策などがすべてそろった治療院であることは間違いありません。

ですが、彼が偉いのはそれだけではないのです。彼は治療院向けの協会を始めるに当たって、毎日毎日映像を撮ってユーチューブに公開し始めました。それがなんと3年間毎日ほぼ欠かさずに。現在ではおよそ1000本になっています。

ユーチューブの映像は、自宅で撮影して、自分で編集を行って、その日のうちにアップロードしてしまいます。最近では、撮影をしないと気持ち悪いくらいに日常になっているそうです。このやり方が定着して、その後も藤井翔悟先生、中村光太郎先生などの治療院の協会ビジネスを始める僕の弟子たちが大成功していきました。

協会を立ち上げて、ビジネスを展開したいと考えている人たちは彼に助言を求めると良いでしょう。これからも、こつこつと積み上げる彼を見習っていく治療家やコンサルタントがたくさん出てくるでしょう。

第2章

あなたの心に
住みついた凡人を
今すぐ
追い出せ！

衝撃！

「凡人とは、こんな奴だ！」

の法則

凡人は、そこらへんにいるから凡人と言われる。成功したら、凡人と言われないので、当然のごとく成功もしない。

凡人の特徴を列挙する。

・行動しない評論家
・低所得
・無能だと言われている
・他人任せの選択をする
・人の文句を言う
・頭を使っていない
・本を読まない
・車が汚い
・部屋が散らかっている
・顔がくすんでいる
・敬語が使えない

・「安い」が好き
・モノの価値がわからない
・友だちも凡人
・社食や給食が好き
・ポイントカードを集めている
・割引がバリューだと思っている
・並ぶのが好き
・行動が遅い
・信頼がない

本当はもっとたくさんあるけど、数え上げていくと切りがないし、それより何より気が滅入るのでこのあたりにしておこう。

さて、いくつか当てはまったことがあるだろうか？　もし、当てはまることがあれば、あなた自身の中に住みついた凡人をさっさと追い出してほしい。

凡人は「常識人」と言い換えてもいいだろう。凡人ばかりが集まって凡人レベルの会話を交わし、そして凡人以下の成果を出して傷を舐め合っている光景ほどみじめで滑稽なものはない。

意味のない集まりに意味のない会話をしまくってマスターベーションみたいな満足感でその場をまとめてしまう凡人のことを僕は心の底から見下げている。

まっ、それが世の中やね。

凡人よ、大志を抱け。

そして、夢だけ見て寝ろ。

さて、ここまで読んで怒り心頭に達している（であろう）あなたの中から凡人を追い出すためには、何をしなければいけないのか？　それを語るのがこの章の目的である。

成功の鉄則

凡人のままでいると、いつまでたっても成功しないよ。

凡人は、すぐに「一生ついていきます！」とか
「何でもできます！」
と言う

凡人がよく使うセリフがある。

「一生ついていきます！」というものだ。

映画やドラマで子分が親分に「一生ついていきます！」と言うのをよく見かけるだろう。しかし、たいていは途中で裏切ったり、逃げ出したりして、本当に一生ついていく子分は少ない。これは、親分に実力や人望がないという場合もあるし、子分自身の性根が座っていないという場合もある。

要は、簡単に一生ついていく人など決められるわけがないということだ。一生ついていく人は、人生で1人だけなのだから、軽々しく口にするべきではない。

では、なぜ凡人はそれを安易に口にしてしまうのか？　それは、その時の自分のテンションだけで物事を決めているからだ。あるいは、大げさに表現すると相手が喜ぶと勘違いしていたり、いい時のことしか考えていないからだ。そもそもついていくとは、一生その人の下にいるということだよ。

次に使うのが「何でもできます！」というセリフ。

少し考えればわかるけど、そんなわけはないよね。

これも、「何でもできます！」と言うのが良いことだと思っているようだけど、それは時と場合による。

広告でも、「お気軽にご連絡ください」と言う言葉ほど、営業的な匂いがすることからもわかるだろう。

「何でもできる」と言うから、真に受けて「では、さっそくこれをやってくれ」と言うと、いきなり「それだけはできません」なんて話になる。だったら最初から言うなよ、と思うのは僕だけではないだろう。

その次が「絶対、◯◯だと思います」という変な日本語。

「絶対」なのか、それとも「思います（確信がない）」のかわからない。聞いていると「どっちやねん」と思う。

この3つの常套句は使わない方がいい。特に、「思います」は行動を弱くする。コミットするなら、「です」と言い切るはずだ。「たぶん」「だと思います」などが口癖になると、逃げることがクセになる。

成功する人は言葉を言い切る。他人事のように言わない。言い切ると潜在意識に刷り込まれるし、先がわからないからこそ言い切ることで信頼が得られる。成功者になりたければ、「絶対にこっちです！」と言い切ることを口癖にしよう。

ついでにますだ式口癖一覧を特別に公開する。

1　めちゃくちゃ儲かるわ！
2　今日もエエ日やな！
3　できます、やります
4　私がまとめます
5　いつも運だけはいいんですよね
6　幸せです！

以上。すべて1日100回は唱えるように。

成功の鉄則

あいまいな口癖から〝言い切る〟口癖に切り替えることで信頼を得られる。

凡人は、アイデアだけがとめどなく出てくる

アイデアだけがたくさん出てくる凡人がいる。

アイデアが出るのに、なぜその人が凡人なのか？

理由は簡単。行動しないからだ。

「いつやるんですか？」と聞くと、「そのうちに」「いつかね」なんて言い出す。そんなことをぼやぼや言っているうちに、どんなにいいアイデアでもほかの人が行動に移して成功してしまう。そして、「あのアイデアは3年前に俺が考えたんだぜ」なんて言わないといけなくなる。

「世の中、行動して結果を出してなんぼ」である。これはすべての成功者が知っている真理である。

実際に売れていないコンサルタントが「売れるマニュアル」を販売しても誰も買わないはずだ。

どんなにいいノウハウが語られていようが絶対に売れない。

なぜなら、そこには行動による裏付けがないからだ。

本はアイデアを提供してくれる。ところが、１００人が読んだとしたら、実際にやる人が10人、続ける人が3人くらい。アイデアを行動に移し、なおかつあきらめずにやり続けた1人が利益を総取りする。

決定しない会議というのも避けたい。こうした会議では、よく「マーケットイン」だの、「フォローアップ」だの、かっこよさげな横文字が飛び交うのだけど、決めない会議は単なる時間のムダだ。

成功する人は、自分でやる人か実行部隊を持っている人に限られる。

成功しない人は、「仕事」を知らない。

アイデアを出すのは仕事ではない。アイデアを実行するのが仕事だ。

この話をすると、「失敗するのが怖い」などと言われることがあるのだけど、失敗しそうな気がするのは中途半端なアイデアだからだ。

誰でも考えつきそうなアイデアを大きく見せても仕方がない。しかし、小さな違いが大きな差になる。その差とは、一刻も早く行動に移すということだ。

会議をするのはかまわないけど、リリースもしよう。

イチローのフォームを分析して、真似て素振りをしているだけではヒットを打てるわけがないことは、あなたにもわかるだろう。まず打席に立て。

あなたが、凡人でない場合、次のような凡人を採用すると、会社がガタガタになるので注意を喚起しておく。

仕事でヤバイ客も面倒だけど、雇う奴を間違ったらこれまた地獄である。

1　顧客のことより自分のことを優先する

2　給料のことしか言わない

3　平気で遅刻する

速攻で凡人を見抜く方法である。ちなみに僕はこういう人を間違っても雇わない。性格が良くても上記の3つのうち1つでもあったら即切りである。

なぜなら、こういう人間は絶対に行動しないから。

成功の鉄則

アイデアを出すのは仕事ではない。アイデアを実行することが仕事。

凡人は、情報を
受け取る側の
立場でしか
考えられない

情報は、出す側と受け取る側に分かれる。

たいていの場合、凡人は情報を受け取る側になる。

たとえば、広告。広告を出す側は売っている方で、広告を見る側は買う方になる。売る側は何かをやっていて、買う側は商品やサービスを提供される見返りとして売る側にお金を払う。

成功していない人が成功したいと考えると、「成功する方法」という情報を集めるだろう。まずは、情報を調べたり、本を買ったり、セミナーに参加して高額な塾に入ったりする。僕も「成功する方法」を教えるビジネスをやっているし、昔は教わる側だったので、こうした行動は積極的で良いと思っている。

問題はそのあとだ。

情報止まりになってはいけない。本は本棚に並べておくものではない。読んで、書かれていることを実践するものだ。セミナーも同じ。学んだことを仕事や人生に活かせないなら、参加する意味がない。

だから、僕は自分の塾に来てくれる人たちには、教えたことを行動に移すように徹底的に促すし、行動しない人には来てほしくない（というか、実際に「もう来るな！」とすら言うこともある）。

自分の本棚を見てほしい。ずっとささったままで読んでいない本は、あなたにとって必要がない本だ。

僕も、以前コンサルタント育成講座に参加したことがある。ほかにも参加者がいたけど、その中で僕は一番頭が悪かったと思う。しかし、今は僕が一番稼いでいる。その理由は、誰よりも早く、そして誰よりもたくさん行動したからだ。

もちろん、出す情報を間違ってはいけない。

人は他人を評論したいという欲求がある。たとえば、お金持ちのことを知れば、知らない人に教えたくなる。

だが、受け売り情報をいくら出しても、情報を受け取る立場から抜け出すことはできない。単に聞いただけで、自分が実践して試したわけでもない情報を他人に伝えるのは無責任だとすら思う。

高所得者になりたいと思うなら、あなたがやることはあなたをお金持ちにするための行動だ。

ルソーの言葉に「知るは凡人、やるは偉人」というのがある。

いきなり大きなことをやる必要はない。1つ1つタスクを組み立てる。そして、やってみて情報は生きる。

1日1タスクずつやっていけば1年間365タスクが積み上がる。やっていない人との差は大きく広がることはわかるだろう。

情報をキャッシュに変えるのは行動だ。中途半端はいけない。その日のタスクは必ずその日にやり切ること。これ、ものすごーく大切ね。

行動を伴わない知識や情報は、頭を熱くするけど、ヤカンのお湯と同じで、放っておくと蒸発してしまう。お湯をお茶やコーヒーに変えるのは行動だよ。

成功の鉄則

有益な情報を知ったら、誰よりも早く行動に移し、誰よりもたくさん行動する。

凡人は、セミナーが
大好きだが、
やる気が3日しか
続かない

僕が、世の中でバカバカしいと思うことの1つが、「やる気を出すために努力をする」ということだ。

試合前のウォーミングアップを張り切り過ぎてバテている選手がいたら、試合の結果がさんざんなものになることは想像ができるだろう。そもそもウォーミングアップをするのは、試合で最高のパフォーマンスを出せるようにするためだ。

最近は「やる気を出すセミナー」みたいなものが人気らしい。

僕の塾は行動することが前提なので、そもそもやる気のない人は参加していない。万が一来てもすぐに脱落するか、出入禁止になる。

セミナーに出て、やる気を出すというのは、スタートラインに立つ方法を学んでいるのとイコールである。

やる気のあるなしよりも、何をどこまで懸命にやるのかで結果は違ってくる。

はっきり言えば、やる気がないのは、目的がないからだと僕は考えている。

実体のない曖昧な目的も同じだ。

たとえば、「世界を平和にする」というのは、具体的に世界のどんな人たちをどんな方法で、どんな状態にすれば達成したことになるのか、そのためには自分はまず何をすればいいのかというところまで考えてこそ、実現に向かう。社会貢献をしている人は、その方法が実に具体的だ。具体的だからこそ、行動ができる。

そうは言っても、やる気がないと始まらないということもあるのも事実だから、やる気になるセミナーに行きたければ行けばいい。でも、セミナーでハートに火がついたら、家に帰ってそのまま寝てしまってはいけないよ。

その日から何かをしよう。

動くことで情熱が湧き上がる。

タイムリミットは3日間（72時間）だ。最低でも、この時間内に行動を開始して、それを継続するようにしてほしい。

「来週から」と考えた瞬間に、おそらく情熱はどこかへ行ってしまっている。人間のやる気は3日放っておくとどこかに消えてしまう。

ただ、こうしたサイクルは「やる気を出すセミナー」をやっている側からすれば都合がいい。いつまでもやる気を持続できない人は、何度でもセミナーを受講してくれるし、どんどん手を替え品を替えセミナーを開催すれば集客に困らない。

でも、そのセミナーから成功者はなかなか出ないだろう。人から与えられたやる気はカップラーメンのお湯と同じ。また、ティファールの電気ケトルは沸騰するのも早いけど、冷めるのも早い。

ちなみに僕の塾の場合、毎月僕が出した課題をクリアしないと「出ていけ！」とみんなの前でどなられる。やる気は各自事前に仕入れてもらうことにしている。ただ、受講するにはやる気以上の勇気と強いメンタルが必要になるので、成功マインドを注入するようにしている。講座のあとで成功した塾生が「強いメンタルが手に入った」と言ってくれる。成功には強いメンタルが必要だという証拠だ。

成功の鉄則

やる気に火がついたら、なるべく早く、どんなに遅くとも72時間以内に行動を開始する。

凡人は、テレビを
1日3時間以上、
読書は
月に3冊以下

僕は、子どもと一緒に朝、ＮＨＫ教育の番組を観る以外、ほぼテレビを観ない。

テレビを観ていないが、テレビが情報を流していること自体が世の中にとって大きなマイナスだとすら思っている。

目にする情報、耳に入る情報の多くは、高所得者になるために必要ないどころか、あなたに低所得者の常識を刷り込んでしまう。

ゴルフをしている人が土日に家に閉じこもって、いくらゴルフ番組を観てもゴルフが上達するわけではないことはわかるだろう。

テレビを観ると、番組の合間のＣＭでマーケティングの罠に引っかかって、ぶら下がり健康器を買ってしまう。しばらくするとぶら下がり健康器には人間がぶら下がらなくなって、代わりに洗濯物がぶら下がるようになる。もちろん筋力はアップしないし、背筋も伸びない。

世の中のマーケティングは、あなたの時間を奪おうとしている。

テレビはあなたの時間を奪っている。

ゲームはあなたの時間を奪っている。

ヒマでヒマでやることがないというのなら、それでもいいだろう。

成功したいならほかにやることがあるはずだ。

僕がすすめているのは活字の本を読むということだ。

活字は「読む」という意識が必要になるし、行動自体が能動的だ。

僕はだいたい週に15冊の本を読む。

と言っても、全部の本をすみからすみまで読んでいるわけではない。僕が本を読んでいる理由はネタ探しだ。使えると思ったことはすぐにメルマガで配信しているし、ブログに書いたりもする。

だから、本を読むというよりは、「使っている」という方が適切かもしれない。

あなたの頭にあるだけの知識は、アウトプットしなければ、人にとっては存在しないのと同じだ。情報をマネタイズするには、なるべくすぐに使うことだ。

ここで情報に翻弄されず、マネタイズするコツを伝授する。

まず、インターネットから離れること。スマホやアプリケーションも切る。

あなたはインターネットの奴隷から解放されなければならない。たった1日だけでもいい。パソコンもスマホもタブレットも置いてノートと本とペンだけ持って出かけた方がいい。めちゃめちゃ頭が前向きになる。

次、本を1週間に最低1冊は読む。ニュースで流れてくる情報だけを真に受けて生きていくということは、流れにまかせて生きているということだから、あなたの周りにいる貧乏人と何も変わらない。それよりも、本を読めば読むほど収入は確実に変わっていく。

そして最後は金持ちの話をたくさん聴く。きっと受け入れがたい話がたくさん聴ける。でもそれでいい。不可解でいい。もし理解できたらあなたはもうすでに金持ちのはずなのだから。**自分よりレベルの高い人に会えばあなたも自然とレベルの高い人となる。**それは、歴史が物語っている。

成功の鉄則

情報をマネタイズしたかったら、なるべく早く使う。そしてインターネットからは離れる。

凡人は、世間を
ナメているから
稼げない

「いかに簡単に成功するか」ということを売りにしている情報商材は、昔から山のように存在する。今も次々と販売されている。

ただしネット上で「やってみたけどダメだった」というレビューが出ると、とたんに評判が悪くなるので、同じ商品がいつまでも売れ続けるということはない。

また、売れている情報商材は、その内容をパクった粗悪品が多く出回る。その影響を受けるため、いい商品だったとしても、時間がたつとどうしても売れにくくはなってしまう。

「45日で年収1000万円になる方法」

「普通の商品を、ピカピカに魅せるコピーライティング」

さすがに今時こんな粗悪品情報に騙される人は少なくなったので、昔のようにPDFのレポートを売って億万長者になることは難しいだろう。

一方で、売れている情報商材や集客に成功しているセミナーは、発信者が責任を持った情報を提供している。「やれば確実に成功できる」という自信とこだわりがあるものだけが売れている。逆にほんの少しでも手を抜いたものは売れない。

僕は情報やノウハウを売ることを否定しているのではない。

「お客さんはきちんと見抜いている」ことを理解してビジネスを組み立てる必要があると言っているのだ。

世の中、楽な仕事などない。

あなたが楽をして儲けようと思っている限り、その根性はお客さんに見抜かれてしまうだろう。お客さんをナメてはいけない。お客さんをナメるのは中途半端な仕事しかできない凡人のすることだ。

僕の塾に人気があって多くの経営者の方たちが集まるのは、もちろんノウハウにも自信があるのだけど、多くの塾生さんたちが爆発的な結果を出しているという確固たる証拠があるからだ。だから、僕はノウハウを教えるのではなく、徹底的に行動を促すし、結果が出るためのサポートをする。

世の中、楽な仕事なんてなくて、あるのは「楽しい仕事」だ。

以前、政治改革で「痛みを伴う改革」というものがあった。政策の中身については、賛否両論があるので評価はしないけど、考え方には共感できる。

大きなものを生み出そうと思ったら、痛みも必要だ。

「こんなものでいいかな」

この感覚があなたを凡人にする。

苦労話を大げさに語ってはいけない。

あなたの苦労話は、まったく努力をしていない人に向けては有効かもしれないけど、本物の成功者に語ることができないものであるなら、まだ苦労が足りない。というか、そもそも苦労話は成功したあとに語られるから意味があるのであって、苦労している最中の人に苦労話をされると周りの雰囲気が悪くなる。苦労話は笑い話にできるようになってから話すようにしよう。

お客さんの気持ちを考え、本気でやるから、大変であっても仕事は楽しいのだ。

成功の鉄則

「楽して儲かる仕事」はないが、「大変だけど楽しい仕事」で儲けることはできる。

凡人は、しょっちゅう急発進と急停車を繰り返す

凡人ほど、モチベーションがしょっちゅう上下する。急にやる気が出たり、急になくなったりするので、気持ちが安定していない。気持ちが安定していないのに、安定収入を得る方法なんてあるわけがない。

仕事の結果は気分でなく、行動の結果だ。どんな気持ちでもやることをやるから結果がついてくる。本来モチベーションとは、やる気のことではない。日本語では、「動機」と訳されている。「動機がなくなる」ということは、そもそもその動機が弱いということでしかない。

また、気持ちが下がった時を悪い状態だと思うのも勘違いだ。

人間の進化はピンチを乗り越えてきた結果によることが大きい。たとえば、原始時代など、危険な野獣と戦うために武器が発明された。また、食料を安定的に確保するために農業が始まった。さらに時代が進むと、伝染病を予防するためにワクチンが発明された。ごく最近のことでは、戦争で主要都市のほとんどが焼け野原になった日本はそれを乗り越え、世界有数の経済大国にのし上がった。

こうした進化は、やる気の有無で仕事をするかどうかを決めているような人の手でもたらされたのではないと思う。自分がどんな気持ちの状態にあっても、やるべき仕事を進めた人たちの手によってもたらされたのだと僕は信じている。

急発進や急停車を繰り返すような気持ちにアップダウンがあるという人にまともな仕事はできない。特に自分が止まっている時期にいくら考えたところで良いアイデアは出ないだろう。つまり、考えても意味のないことはいくら考えても、当たり前だけど意味はないし、そこからは何も生まれない。

気持ちの状態と成功はまったく関係がない。関係があるのは行動だ。

必ずしも気持ちが高まらなければ行動を起こせないというわけではない。むしろそんなことはただの思い込みにすぎない。強い動機（モチベーション）は気持ちを超えて、その人を突き動かすものだ。これが「安定した行動力」というものであり、これは確実にこの世の中に存在する。

ちなみに、人前で話している時はテンションが高い人であっても、1人でいる時はそれほどテンションは高くない。

ただ、好きなことをやっていると自然と明るくなれるのは確かだ。

今僕自身は「好きな人」と「好きなこと」を「好きな時間」にやれているので楽しくないわけはない。

嫌いなことをやっていると、ブレーキを踏みながらアクセルを踏んでいるようなものだ。それだと、遅かれ早かれ壊れてしまう。難しいことを考えずに、自然に明るくなるということをやっていきましょう！

とは言っても、好きになるためには大量に行動することが大切だ。3年ぐらいは必死にやらないと、好きかどうかも判断できないだろう。「好きだ！　好きだ！　好きだ！」と自分に刷り込んでいけば絶対に好きになる。

ただし、このエナジードリンクの効能は疲労回復に対してであって、モチベーションに対してのものではない。念のため。

成功の鉄則

仕事の成果はテンションの高低ではなく、「安定した行動」から生まれる。

凡人は、自分の知っている世界がすべてだと思っている

「アホはアホ同士で集まる」と言えば、あなたは気分を悪くするだろうか？　では、もう少しマイルドに言い換えて、「類は友を呼ぶ」という言葉を使ったら納得するだろうか。

類が集まってやることとは、自分たちの立場にしがみついて、自分に理解できないことを批判するということだ。

凡人は理解の幅が狭い。自分の知らないことを知ることに価値があるということがわからない。だから、時々、幸運にも価値のある情報を知ることができても、それを行動に落とし込めないし、あるいは行動を続けることができないのだ。

自分と考えの違う人の話を聞いてみると、論点が違うことはよくある。そんな時に凡人はすぐに批判を始める。僕は、彼らがなぜそうなるのかがわからない。批判をして満足して、それをＳＮＳに投稿して、自分と同じような凡人が「いいね！」をつけてくれるのを期待しているのだろうか？　とかく、凡人は自分たちが理解できない人間を排除したがる。

たとえば、年収１億円がてっぺんだと思っている人にビル・ゲイツについて語る資格はない。というか、そもそもビル・ゲイツのことなど1ミリも理解できるわけがない。われわれができることは、彼を見習って努力するということだけだ。

自分のいる世界が常識だと思うのは間違いだ。

どのレベルでものを見ているのか？

これを自覚することが、凡人から抜け出す第一歩となる。

人間は、知らないことを知ることに価値がある。しかし、多くの人が40歳や50歳くらいになるとぴたりと勉強をやめてしまう。そこそこお金を持ったり、それなりの社会的地位を得て、世の中のことがわかった気になるからだ。

本当にうまくいっている人は常に勉強をしている。勉強とは、知らない世界を知りに行くことだ。つまり世界を広げることだ。

ところが、凡人は「私のやり方」にこだわる。

成功する方法は世の中に溢れている。その方法を型通りにやって、きちんと身につけてから応用技に入るべきだ。いくらケンカが強くても素人は格闘家に勝てないということからも、型の重要性はわかるだろう。

問題は、「私のやり方」にこだわっている本人がどういう状態になっているかということだ。よく見かける「成功していないのに成功を語っている人」の場合は、今やっていることと逆のことをするとうまくいく場合があったりする。

そして、凡人は新しいものが好きだ。

たとえば、「オリジナル」「世界初」「新チャンネル」など。

こうしたコピーが売れると知っているマーケッターはどんどん新しいものを出し、凡人は必ずそれを買う。そして、知った気になって他人に話す。話された人も買う。だけど行動しないので成果が出ない。そして挙げ句の果てに、「あの情報は詐欺だ！」と騒ぎ出し、ネットに書き込む（匿名で）。これが凡人サイクル。

人に伝えるのは、やってみて成功したあとのことだ。まずは、素直に使ってみる。あなたは、凡人丸出しのうさん臭いマーケッターに引っかかってはいけない。

成功の鉄則

自分のいる世界が「常識」だと思うことは間違いだと知ろう。

凡人を追い出すための究極のメッセージ×5

人に共感する時に使う常套句は、「大変だね」「すごいですね」という言葉だ。

この言葉をかけるだけで、相手は自分が理解されたと思う。

効き目は抜群なので悪用厳禁だよ。

でも、注意してほしいのは、「大変だね」「すごいね」を人に言ってもいいけど、自分が言われた時に理解されたと思わないことだ。

苦しい時でもがんばれるのは、「きっと誰かが見ている」という希望があるからなのだけど、見てくれていないから今の状態なのだとも言える。

あなたには2つの選択肢がある。

1つは、「きっと誰かが見てくれている」と粛々と今の生活を続ける。

もう1つは、「俺の人生はこんなものではない！」と戦う。

多くの場合、勝つのは後者だ。

人生はある意味戦いだ。自分とのね。

戦いたくない人、あるいは戦うことから降りた人は、慰めを求めればいい。それはそれで幸せな人生かもしれない。

人生で勝つ人はやっぱり戦っている。

「自分との戦い」と言うと、「苦労するのが前提」みたいなイメージがあるけど、それは違う。

また「戦い」という言葉から、誰かを蹴落とすということが連想されるかもしれないけど、それも違う。僕の言う「戦い」とは「自分が成長する」ことだ。

成長を実感できる人生は楽しい。実は、戦いとは楽しいものなのだ。

このことがわかれば、凡人であることから抜け出せるし、他人からの慰めも必要ではなくなる。

きっと、あなたは自分の中から凡人を追い出し、人生の勝者になるはずだ。

では、この章の最後に、あなたの心の中に住みついた凡人を追い出すためのメッセージを贈ろう。

1　君は先見の明がないな

でも当の本人だけは自分のことを天才だと思っている。とんでもない勘違いだ。

2　顔がうさん臭いな

あとにも先にも顔がうさん臭いとね……。どうにもならねぇぜ。

3　中途半端だな君は

仕事・プライベートともにどっちも宙ぶらりんという。最悪である。何にも実をつけずに人生終わると思う。

4　実務経験がないんですね

特にコンサルタントに多い。でも廃業する人は実務と中身の両方がない。

5　仕草が不細工やからがんばれよ！

エレガントではない。貴族の集まりには呼ばれないし呼ばれても誰も話しかけてくれない。なぜなら仕草が不細工やから……。

さあ、燃えてきたかい？　怒り狂って今すぐ凡人を追い出せ！

成功の鉄則

「成長を実感できる人生は楽しい」ということに気づければ凡人からの脱出は確実。

column

ますだたくおの仲間たち 2

大塚多恵子

Taeko Ohtsuka

BUSINESS
イタリア料理店経営

初めて彼女がセミナーに来た時は、2億円の借金を抱えていました。会社は赤字続きで、借金のリスケジューリングを行っていました。それでも、まともに返済できないという状態で倒産は秒読みだったと言います。セミナーの受講料はさらなる借金だったとあとから聞きました。そんな状態ですから、毎月のセミナーにはいつも同じ服を着ていました。明日への希望などなく、本当に苦しかったのだと思います。

ところが、セミナーで伝えたことは、全部そのままやってくれました。まずは、値上げを行い、実際に教えた通りにチラシを作って、折り込みを始めると状況はどんどん良くなっていきました。低迷期の月商およそ400万円。それが、数カ月で2倍以上の1000万円のレベルまで駆け上がっていきました。値上げをしても、チラシでの新規集客とお客様の再来を促すリピート対策が当たって一気に単月での黒字化に成功しました。今では700万~1000万円の水準を維持していて、これまで黒字を維持してくれています。借金返済もめどがついたそうです。

赤字に苦しむ飲食店は、大塚多恵子を捕まえて、値上げ、チラシなどのやり方をぜひとも聞いてください。きっと復活します。彼女は、今ではすっかり顔色も良くなり、オシャレをする余裕もできた。僕は彼女のことが大好きです。

第3章

あなたの中に
眠っている成功者を
今すぐに
叩き起こせ!

成功者は、常に
行き当たり
ばったり

成功者はやたらと頭が良くて、計算通りに仕事をして結果を出しているというイメージがあるかもしれない。確かにそういう面もあるのだけど、どんどん経験を重ねることで頭が良くなり、自然と計算できるようになっているというのが実際のところだ。

つまり、最初はそれほど頭が良いわけでもないし、計算に強いわけではない。この世というのは、高所得者になる人とならない人とであればならない人の方が多く、なる人は少ない。原理としては簡単で、多くの人が選ぶことを選ばなければ自然と高所得者に近づく。

成功者に共通しているのが、「思い立ったが吉日」という精神。すぐやる人は少数。本を読んでからでなく、読んでいるうちにやる。

すぐやる。できるまでやる。僕もスピードを大切にしている。

すぐやると、エラーかサクセスかがすぐわかる。ほかの人が考えている間に改良することまでできる。

成功者には夢があるのだけど、夢を語るのではなく、夢を語りながらそれを売っていくというスピード感がある。

ぶっちゃけ、成功者は行き当たりばったりというケースが少なくない。僕自身の経験からも言えるし、周りを見てもとりあえずやっているという人が多い。

僕の塾の生徒でも1カ月、2カ月で人生を変えたという人が多い。『あなたの会社が90日で儲かる』（神田昌典さんの名著）よりも早いのだ。

ある世界的に有名なＩＴ企業でも完全ではない状態でサービスインをしている。当然バグはあるが、その都度修正をしてサービスのレベルを上げていくというパッチワークのような仕事をしている。

完璧なものを目指してサービス提供が遅れるよりも、スピードを優先している。

夢を語っている時間が長いほどリリースは遅くなる。夢を語ったら、すぐにそれに取り掛かる。可能性思考で考え、すぐにそれに取り掛かる。うまくいくことを前提に始める。「どうなるだろうか？」なんて、クヨクヨ考えても意味がない。

マーケットの状態はテストをしないとわからない。リリースの数だけ答えが迫ってくるのだから、発射したらクヨクヨしない。

頭の中で考えるからクヨクヨするのであって、成功者はクヨクヨしている時間などないことを知っている。**クヨクヨしないのが成功者の条件だ。つまるところ、行き当たりばったりが成功の鍵だったりする。**

少ない方へ行くのは怖い。僕も怖いけど、その怖さの中に3パーセントくらい無性にワクワクする感情がある。山のように届く請求書や納税の支払い、しかも予定納税とかがあるたびに預金がゲキ減りして怖くなる時があるが、そういう時にこう自分に言い聞かせるのだ。

「また次のステージかよ」と。

「頭がおかしくなったのか？」と、人が聞けば思うだろうけど、先を予測するよりも行き当たりばったりが正解だと思う。

成功の鉄則

思いついたら、すぐやる。できるまでやる。何よりもスピードを大切にせよ。

成功者は、
秘密などない
ことを知っている

秘密はよく売れる。

たとえば、

「秘密の」

「魔法の」

「門外不出の」

「初公開」

などなど。

商品に秘密を匂わせるコピーをつけてあげれば売り上げが上がる確率はかなり高くなる。

しかし、実際のところ、この世の中に秘密なんてものはそれほど多くは存在しない。

実際に商売をやっていると、「行動することでしか前に進まない」ということがよくわかる。もし、あなたが商売をしている人だったら、この感覚はよくわかるのではないだろうか。

仮にあなたが、「絶対売れるキャッチコピー」という素晴らしいノウハウを手に入れて、さっそく試してみたとしよう。だが使い方が悪ければ、ノウハウは機能しない。

たとえば、文字が小さいとお客さんに読まれることはない。あるいは、チラシを配布した場所が悪かったせいでターゲットになるお客さんに届かないということもあるだろう。もしかしたら、競争相手がとっくの昔にそのノウハウを使っていて、あなたが狙っていたお客さんをごっそりと持って行ってしまっているかもしれない。

成功には、そこに至るまでの失敗の積み重ねがある。

自分がやってみて失敗したことは、ほかの人に「もっと別の方法があるよ」と教えることができる。実は、これが何もしていない人から見ると、「秘密」に見えてしまうのだ。

成功者は秘密などないことを知っている。しかしそれと同時に、世の中には、失敗しないで成功したい人が多く、彼らが「秘密」に惹かれるということも知っている。

得た知識やノウハウ、あるいはアイデアを実際に行動に移せば、あなたはきっと成功することができる。だから、成功を一番前において、途中の失敗は成功までのチューニングだと考えてほしい。

どんなに失敗しても、前と違う形で改善している以上、あなたは一番手前の成功に近づいている。

だから、「秘密」は、あなたが行動するまでわからないだろう。

僕だって秘密を知らない。あったら教えてもらいたいくらいだ。

僕が知っているのは、行動して失敗して、成功する方法を選び取ることが成功につながるということだ。

成功の鉄則

ノウハウを実際に行動に移すことで、行動しない人が知らない「秘密」を手に入れることができる。

成功者は、結果を気にせず、プロセスを楽しめる

「この仕事は絶対に失敗できない」

「失敗したら死ぬ」

仮に、こんなプレッシャーの中にいたとしたら、誰もが持てる力を十分に発揮することなどできないだろう。

成功者に「なぜ成功しているのですか？」と聞くと、ほとんどの人が「楽しくやった（やっている）からうまくいった」「うまくいくから楽しい」と答える。

彼らは、プロセスを楽しんでいる。すると、それにつられるような感じで同じように楽しいマインドの人たちが集まってくる。すると、さらにプロセスが楽しくなって、それが自然と結果に結び付く。

これは脳科学的に見ても正しい。

たとえば、「ストップ！　環境破壊」というスローガンがあるとしよう。

あなたの頭にはどんなイメージが浮かんだだろう？

おそらくは、海や山にゴミがたくさん捨てられていたり、工場から煤煙や廃棄物が垂れ流されて空気や水が汚れる、生き物が困っている、というようなイメージではないだろうか。

では、「富士山を思い浮かべないでください」と言われたらどうだろうか？「思い浮かべるな」と禁じられているにもかかわらず、どうしても富士山のイメージが浮かんでしまうはずだ。

このように人間は、否定語をスキップしてイメージしてしまう特性がある。だったら、「負けたらどうしよう」でなく「勝ったらこんなにうれしい」とイメージする方は思考が現実化しやすいことがわかるだろう。

個人的な意見だけど、サッカーの日本代表のスローガンは、「絶対に負けられない戦いがある」よりは「絶対に勝ちたい戦いがある」の方がいいと思う。

仕事を楽しむ秘訣は、仕事の目的と目標が一致しているということだ。

たとえば、マラソンランナーが「金メダルを取る」という目的のために、タイムを縮める練習をするように、仕事も目的と目標を一致させる方がいい。仕事でランナーズハイになった人は、必ず自分の目標というゴールテープを切ることができるし、何よりプロセスが楽しい方が早くゴールできる。

こんなことはわかっているはずなのに、イメージできない理由の1つに「水戸黄門」のオープニングテーマがあるのではないかと僕は睨んでいる。「じーんせい、楽ありゃ苦もあるさ」というヤツね。人生には楽しいこともあれば、苦しいこともあるというのは刷り込みにすぎない。

僕の場合「じーんせい、楽ばかり」。あれっ、歌が終わってしまった（笑）。プロセスを楽しくする工夫をすると成功してしまう。プロセスの楽しい会社には、優秀な社員が来てくれる。

僕には、仕事がしんどい理由や原因がわからない。

暗い奴は暗い場所で、暗いことを考えてさらに暗くなっていくのだから、こっちは勝手に楽しくやっていこうと思っている。

成功の鉄則

仕事のプロセスを楽しめば、楽しい仲間、優秀な人材が集まってきて自然と成功してしまう。

成功者は、
一貫性や
バランスを
気にしていない

お金、仕事、所有物、娯楽、友だち、敵、宗教、自分、結婚、家族。これらのバランスが取れていて幸福と言える。

―お金さえあれば……

―ものさえあれば……

―奥さんがきれいであれば……

これらはすべて偏りである。幸福とは「バランス」である。

たとえば、マクロビオティックを実践してバランスがいい食事をとっているにもかかわらず、糖尿病になったり、身体が不調になるという人は、バランスの良さを重視し過ぎるという偏りがある。

「一貫性がある」とか、「バランスがいい」ということは、実はやったあとで振り返った時にわかることだ。

僕は、バランスが偏っているめっちゃくちゃな講座とか広告とかやる。これまで運良くうまくいってきたからデカイ顔ができるけど、うまくいってなかったら今の立場にはいない。

ぶっちゃけ運が良かっただけである。一生懸命やってきただけである。それ以外の選択肢はなかったというのが事実なのだ。

いくら「成果が欲しい」と思っても、成果をコントロールできない時もしょっちゅうある。

いろいろ方法論はあるけど、やっぱり感じるのは一生懸命やることだと思う。結局は、成果は結果論だから。

「これで、俺は金持ちになれる！」というノウハウを学んで、そう思ったことは多々あるけど、ことごとく現実に打ちのめされた。

それでも一生懸命やれたのは「俺にはもう何もない。一生懸命自分のやるべきことをやるだけである。俺にはこれ（集客講座）しかない。これでうまくいかなかったら裏山で首でも吊ってやる」と考えていた。もちろん、首も吊りたくなかったしね。

一生懸命にやっただけ。たったそれだけ。運が良かっただけ。それ以外の成功の要因なんて僕にはない。

結局は方法論なんていくら学んでも、それにふさわしいフォース（魂）がなければ使うことをしないいし、使いこなせもしない。だから、今日も一生懸命お金儲けをするだけである。たとえ成功者がバランス良く見えたとしても、それはあとからそうなっている可能性が高い。

という告白でした。

1　ワークライフバランス
2　福利厚生
3　家族との時間

どれが大切？

「どれも大切だ！」とはっきり言おう。全部やることで、むしろ行動が速くなる。

成功の鉄則

最初からバランスを気にし過ぎると、かえって偏ってしまう。成功者は「結果として」バランスが良くなった。

成功者は、気持ちと違う方向に体を向ける

「気持ちが落ち込んで仕事が手につかない」なんて言われると、「落ち込んでいてもかまわないから、とりあえず手を動かせ」と思ってしまう。

成功者は仕事をすると決めた日には休まない。予定が狂うからだ。予定が狂うと結果も狂ってくるので、最悪な場合、自分が仕事をできなくても誰かにやってもらう。

成功者の条件の1つは、心身ともに健康であることだ。

一方で、成功しない人は何かと理由をつけて仕事を休む。あるいは、手を抜こうとする。

気分が落ち込んだら仕事をしない。

カゼをひいたら仕事を休む。

「仕事をしたらカゼも治るよ」と言ったら言い過ぎだろうか？

僕は本気でそんなことを思っていて、高校で水泳部だった頃は、カゼをひいても泳いでいたら治ったという経験がある。

成功者は、モーション（行動）からエモーション（強い感情）が生まれること

を知っている。それに対して、成功しない人は、エモーションからモーションを発動させようとする。これは、精神分裂の状態でがんばろうとするようなものだ。まともに体が動くはずはない。

仕事に気持ちは関係ない。気持ちが乗らない理由は自分にあるのだから、「気持ちが乗らない」という考えをどこかに吹き飛ばせばいい。あなたの気持ちが乗らないとか、そんなことはお客さんや一緒に仕事をしている人間の知ったことではない。もちろん、僕も知らない。

成功者は、気持ちが乗らない時、気持ちとは逆の方向に体を向ける。要は、スキップしながら悩めないというようなことだ。気持ちを整えてからスキップするのは時間がかかるけど、スキップはすぐにできる。すると気持ちが整う。

では、休んでしまってまずいと思っている人に、特別に一気に目標を達成する方法を教える。ぜひ、やってみてほしい。マジで達成するので。

1　1日15時間働く

実はコレが一番効率的。能率・効率を考える時間をすべて肉体労働と頭脳労働に変える。そうすれば誰だって確実に収入が上がる。

2　脅迫的切迫感

恐怖を感じる、怯えるくらいの目的を持てばいい。不謹慎だけど最も愛する人が2カ月後に殺されると脅されたら誰だって是が非でもやる。

3　朝早く起きて歩く

朝起きたらすぐ歩く。そうしていると脳内ホルモンが活発にめぐるからアイデアが出る。小さいメモとペンを持って2～3キロ歩くといい。

4　愛する人を幸せにすると決める

あなたが愛する人がどんな人かは知らないが、誰であれその人を「幸せにする」と誓えた瞬間に動き方や考え方は一気に変わる。

成功の鉄則

モーションからエモーションが生まれる。落ち込んだらまずスキップをしてみよう。

成功者は、自分の中の恐怖に従順である

「恐れるものがない」なんてことを言う人がよくいる。でも僕はこういう人を恐れる。本当に怖い、というか危ない人だと思う。

恐れるものがなくて、どんどん突っ込んで行くととんでもない事故にあうか、恐ろしい人にからまれてボコボコにされてしまうかもしれないよ。

成功者は怖いことは素直に怖いと言う。「もしかしたら失敗するかもしれない」と恐れを感じるからこそ、細心の注意を払うのだ。怖いからこそ、努力もできる。

恐怖は誰の中にもある。もちろん僕もだ。恐怖心を持たないのが勇気だと思うのは、まったくの誤解だ。

無理に恐怖に勝とうとしなくていい。「今はこれでいいんだな」と自分をなだめながら仕事をすればいいのだ（でも、だからと言って、休んでしまってはいけないよ）。

自分の恐怖に鈍感な人は、お客さんの恐怖がわからない。こういう鈍感さは、商売をする上で問題だ。

お客さんはあなたの商品やサービスにお金を払っても損をしないだろうかと恐

怖を抱えている。お客さんが抱くであろう恐怖心をきちんと理解して、恐怖心をなくすメッセージを伝えることがコピーライティングのコツだし、オファーを考える時のポイントだ。恐怖を煽るのがコピーライティングではないし、なんでも0円にするのがオファーではない。

さてさて、誰しも人間なので、恐怖で自信がなくなる時がある。「そんな時はない」と言う人もいるかもしれないけど、少なくとも僕は恐怖心に従順だ。

そういう時に必ず使う言葉がある。

私はできる。
今までもやってきたから
今回も必ずできる。
できないとすれば
自分を見くびっているのだ。
自分を見くびるということは

世の中の可能性を裏切るということである。
私はできる。
できるまでやる。
できないのであれば
やっていないのである。
やれるまでできる力が
自分にはある。
大丈夫。
私はできる。

※これを１００回前後繰り返す。

成功の鉄則

怖いものは怖いと素直に認めよう。恐れがあるから細心の注意を払えるし、努力できる。

成功者は、自信や適応能力を身につけるための訓練をしている

普通の人は、成功者を特別な人だと思って見てしまう。才能、資質、運、これらはすべて「選ばれし者」にしか与えられない。もしかしてあなたはそんな風に思っていないだろうか?

はっきり言うと、全然違う。何を隠そう、僕は選ばれし者ではないし、もし選ばれし者だったら20代のキングボンビー時代などなかっただろう。

確かに、少しばかりの資質の違いはあるかもしれない。しかし、あなたが今やっていることは、まったく自分に向いていないことを誰かに強制的にやらされているわけではないはずだ。おそらく自分でも向いていると思って始めたことだろう。だから、少なくとも資質はあるということだ。資質とは「努力ができる」ということなので、生まれ持った技量ではない。

成功者に優れている点があるとしたら、適応能力だ。適応能力を磨かなければ普通で終わる。

成功者は適応能力を磨くために訓練をする。訓練をし続ける人が本物になり、自信を持つことができ、成功するのだ。成功者も元々自信があった人ばかりではない。

自信とは、信じようとすることに力が入らない状態のことを言う。

つまり、不安があるから信じようとしなければならない。

あなたの夫が男性であり、妻が女性であることを「信じよう」とする人はいないはずだ。なぜなら、男性であり、女性であることなど最初からわかっているからだ。

あるいは、一度でも熱湯に手を突っ込んだ経験のある人は、「私は熱湯は熱いと〝信じます〟」などとは言わないだろう。過去の経験から熱湯が熱いということをすでに知っているからだ。

成功者は成功していない人に比べて、知っていることと、経験していることが多いのだ。知っていること、経験していることを多くするための訓練をすることが適応能力なのだ。

環境に適応する訓練をしないと、あなたは凡人のまま一生を終えることになるだろう。

あなたは自分が成功できる人材であることを知らないだけで、自分の成功を信じられないのは経験が不足しているだけだ。

経験は人を強くする。

悪いことが起こった時こそ適応能力は磨かれる。不慮の事故や想定の範囲外のアクシデントやトラブルが起こったとする。そういう時にあなたはアタフタするような人だろうか？

もしするなら、きっとジジイババアになっても成功はおぼつかない。正確に物事を見ることができない人に大きな責任は負えない。

あなたはそういう人とビジネスをしようと思うだろうか？　取引ができるだろうか？　少なくとも僕にはできないな。

成功の鉄則

知っていること、経験していることを多くするための訓練をすることが適応能力である。

成功者は、
基本が何かを
知っていて
実践している

家で最も大切なところは？

基礎である。

空手で大切なことは？

型である。

つまり、きっちり基本をやる人が成功する。

コピーライティングでも、成功する人は、基本に忠実だ。

そもそも「一発で当てよう」と思う感覚が浅ましい。

ウォーレン・バフェットですら、少ない投資で大きく儲かる機会は少ないと言っている。1年で1つのことを大きく当てようとしない、あるいは、手を出したことのすべてを当てようとしない人が最終的には多くのものを持っていくことになる。

凡人が成功者を見ると、彼らはやることがすべてうまくいって、すべての面で成功しているように見えるらしい。しかし、基本の積み重ねによってしか成長の道はないということを成功者は知っている。

基本を積み重ねていかに深めるか。こういう凡人には見えない部分にこそ、成功の本質がある。では、基本とか本質とは何か？

優秀なビジネスパートナーとの会話で、最近はこういう会話がたくさんある。

たとえば、こんな感じ。

ますだ「あの人うまくいくかな？」

ビジパ「あの人うまくいきますよ〜」

ますだ「なんで、なんで？？？」

ビジパ「だって○○がいいですからね」

ますだ「○○が？」

ビジパ「きっと○○に始まり○○に終わる、ですよ」

ますだ「まっ、確かにね……」

さて、○○の中には何が入ると思う？　全然難しくはない。コレがわかっていないと、そしてこれを持っていないときっと成功者になんてなれない。事実、僕の周りで成功していると言われる人たちはすべてこれを持っている。

それは「空気」である。

やる気があっても空気が悪い人はことごとく失敗を繰り返す。学歴があっても空気が悪い人はいい商売を見つけられない。人脈があっても空気が悪い人はその人脈を全然活用できないでいる。

あなたの周りにもいると思う。空気が悪いから成功していないという人が。

人は雰囲気を読む生き物である。空気の悪い雰囲気を持っている人は、何もかもに憤りを感じ、失敗していく。**空気の良い雰囲気を持っている人は、ことごとく何もかもをまとめていく。**

この空気という部分を大事にしている人はたいていのことをうまくやってしまう。これが成功をめぐる事実である。

成功の鉄則

基本を着実に積み重ねよ！　いい空気を身につけよ！　そうすればすべてうまくゆく。

成功者は、言霊を何よりも大切にする

不思議なもので、ダメな人はしょちゅうマイナスの言葉を口にする。ダメな言葉を使ってうまくいった試しはないのに、気落ちした時にすぐにマイナスの言葉を口にする。

「スタッフが辞めた」「いい人が来ない」なんていうグチを聞かされることもあるけど、経営者として自分が設定している給与条件や環境が悪いのだから、当たり前だろうと言いたくなる。

マイナスの言葉は収入にも関係する。「何を言っても言葉はタダだろう」と言う人もいるけど、とんでもない。運気や気分が下がった時に、「下がった」と口にするともっと下がる。

脳みそは口に出した言葉で勘違いするのだ。現実が言葉と同じ状態に見える。気分が下がった時に下がることを言う人は、自分の気持ちに従順過ぎるのだ。

第16代アメリカ大統領であるエイブラハム・リンカーンの言葉をパクって言うと「一般の人たちの一般の人たちの考えによる一般の人たちの言動」こそ多くの人がいつまでたっても幸せをつかめない最大の理由だと思う。

お金に困る、人間関係に困るなど、どうでもいいことに振り回されることが終わらない。こんな状態をひっくり返すためには、逆のことをやればいい。世間一般の人たちがやっていることや考えていることとはまったく逆をやると、めちゃめちゃ幸せになる。

特に「言葉づかい」は反対にした方がいい。口に出した言葉が未来を引き寄せてしまうのだ。だから、成功者は何よりも言霊を大切にする。

つまり、**言葉を上手に使うことで人生は好転していく。**

もしお金が欲しいなら、「めっちゃカネが降ってきたわあ!」を1日100回口に出す。これは実際に僕がやっていたことで、どんどん収入が増えた。ついでに、僕が今実際にやっていること以下に挙げておこう。これらのことを実践して、みんなもぜひとも幸せになってくれたまえ。

・売れている本（ベストセラー）を買わない
・絶版になってしまった本を古本屋やマーケットプレイスで買う
・金持ちの生活に憧れない

・出かける時スマホを家に置いていく
・紙とペンで仕事をする
・マイホームパパであることを捨てる
・言霊をナメてはならない
・電車でスマホを見るのではなく、読書かオーディオブック
・テレビを観るのは連ドラだけ
・1日1食
・ゼロ金利のワナにハマらない
・寝る時に寝て、やる時にやる
・めったに人をホメない（図に乗るから）

成功の鉄則

口に出した言葉が未来を引き寄せる。成功したかったら世間一般の人とは逆の言葉づかいをする。

成功者は、自分に降りかかってくる苦難をあざ笑う

今あなたは世紀のトラブル続きである（としよう）。きっと今までならめっちゃ焦っていたけど、今あなたがやるべきことは「結局はすべてがうまくいく」ということを潜在意識に刷り込むことであり、そして、「このトラブルの向こうには絶対に〝何かが〟ある」と確信することである。（……でも、やっぱりドキドキするよね）

トラブルがやって来たら、即座に「キター！」と言う。「チャンスがキター！」と言ってみる。そんな余裕はないと思っても「キター！」と言ってしまうのだ。

結局、トラブルはトラブルなのだから、マイナスのことを考えても意味はない。

僕は『二ツ星の料理人』という映画が好きだ。けっこうめちゃくちゃな料理人が主人公なのだけど、自分の苦難を笑うシーンがある。そこが好きだったりする。

詳しい内容はここでは紹介しないので、興味がある人は映画を観てね。

成功者で苦難に降りかかられていない人はいない。苦難が成功の原動力でもあるので、必修科目でもある。

こうした時に、苦難も勉強代、次に行こうと考えて、苦難の時に笑っているからセロトニンが出て、笑いながらやるとトラブルも好転する。

よく話しているのは、**「トラブルの時に、普通のレスポンスをするな。普通のことをしたら、普通の結果に終わるぞ」**ということだ。落ち込んだ時に落ち込んだそぶりをしない。するとどうなるかをお話ししよう。

あなたが何かに一生懸命チャレンジしているとする。たとえば、成功や名声、家族のために死ぬほど働いてチャレンジしているとする。

そういう時、誰かに「そんなことは無理だ」と言われたとする。もしかしてあなたもさんざん家族や友だちに言われたかもしれないけどね。でもね、そういう時に言ってほしいことがある。

「うるせえ、やってみないとわからないだろう！」と食い下がる。そして、絶対無理だといった家族や友人に成功してから言ってやる。

「俺を誰だと思っているんだ？」と。

バカにされた人たちのことをあざ笑ってやろう。とってもスッキリする。

でも、もっと素晴らしい方法があります。

「われながらよくがんばったな」

「あの頃、僕は若かった」

そうやって仲良く過去を回想しながら笑いながら一緒に酒を飲む。結局、悔しさをバネにして自分を奮起させてがんばり、うまくいったら過去に自分をあざ笑った人に対してさえも「ありがとう!」と潔く言える人になれればいいなと思わないだろうか?

そんな人生は素敵だと思わないか?

ぜひ、自分に降りかかってくる苦難の日々をあざ笑ってやろう。

こんな風に苦難の日々を笑い倒して前に進もう。

成功の鉄則

苦難は成功の原動力である。だから、苦難の時ほど笑おう。そうすれば必ず好転する。

column

ますだたくおの仲間たち 3

いでながひろき

Idenaga Hiroki

BUSINESS
ウェブ制作、コンサルティング

僕のセミナーには、僕が治療院を経営していたこともあって、多くの治療家や店舗経営者がやって来ます。ですが近年、店舗を持っていない個人事業主もやって来るようになりました。いでながひろきもそのうちの1人です。

彼は、大阪で通販業者相手のウェブ制作や、ウェブのコンサルティングを主な業務にしていました。1人ですべての業務をこなしていたのですが、売り上げが低迷して、まともに家にお金を入れられない状態が続いていました。月の売り上げは多い時で50万円。ゼロの時もあったそうで、いわゆる貧乏な自称コンサルタントだったのです。

初めてセミナーを受けに来た時も半信半疑だったようです。というのも、周りは店舗経営者ばかり、無店舗のコンサルタントはまだまだ少なかったからです。その時は、今ほど人生が変わるとは予想していなかったでしょう。

お金がまったくなかった彼は、さまざまな通販や集客などのセミナーに受講生として潜入して、懇親会まで参加。同じ参加者と仲良くなります。そして、その参加者からコンサルティングやウェブ制作を請け負うという、少々(?)の反則技を駆使して、月商500万円を超えていきました。今では、正攻法でもお客様を獲得できる、デキるコンサルタントになっています。ウェブ関連は彼に聞いてください。僕が推薦します。

第4章

世界でいちばん簡単な「成功する方法」

最初に
自分にとっての
「成功」を明確に
定義する

ニューヨークにいるマスターに言われたことが僕の胸に残っている。


「理想とする人はどんな人ですか？

その人のように生きていますか？

もし、そう生きていなければ、その人のようになることはできないでしょう。

Ｔａｋｕは大富豪になりたいと言いましたね。素晴らしいと思います。

自分にとっての大富豪のイメージはでき上がっていますか？　そして、そのような生き方をしていますか？

もし、できていなければきっと大富豪にはなれません」

「理想を叶える上で大事なことはとってもシンプルですよ。

なりたいと思う形をちゃんと形成すること。そして、形成すれば手段や手はずは見えます。〝その手段や手はずはどうなるのか？〟という明確な答えを自分の中に持っておけばいい形になります。

ここで大事なことは、自分かわかってほしい人にだけにわかれば十分です。

世の中の多くの人たちに理解させる必要はありません。

その人たちの反対にあってもすぐにリカバリーできるのであれば伝えてもいいのですが、それがもしできないと言うのであれば伝える必要はありません。

目的は形にすることです。

あらゆる革命は〝いかに動物に近づけるか〟です。どんなにテクノロジーが発展しても私たちは動物です。その動物の考えること、動き方、感じ方という神様の造形物への理解が革命を近づけるのです。この動物への尊敬やたゆまない理解をできる人が世界の救世主にもなるし、悪魔に転じることもできるのです」

「Ｔａｋｕ、地球を引っ張りなさい。あなたの世代で宇宙をきれいにして下さい。それをご自身の志にしてください。きっと簡単に大富豪になれるでしょう」


成功したがっている人は多い。でも、実際に成功している人はとても少ない。なぜなら、成功の定義が明確でないからだ。たとえば、「外車に乗りたい」ではなく、「フェラーリＦ40に乗りたい」だ。

数値化、具体化、誰とどんな会社を作りたいのか？　アップル、マイクロソフト、テスラは１人のイメージから生まれている。

日本ではホームレスも成功者と言えなくはない。僕が毎朝ジムに通う途中にあるトンネルにいつもホームレスが寝ている。お金を必要としないだろうし、仕事もしないで寝ていられる。当然、税金も払っていないだろう。それが明確に定義された成功ならいいけど、イメージをしなかった成れの果てなら悲惨だ。

成功者は、「成功とは何か？」と問われた時、明確に答えることができる。

成功する前から成功した気分に浸り、脳内モルヒネが分泌される。

成功する方法を学びまくって、成長という名の停滞をするのではなく、まず自分にとっての成功を明確に定義しよう。

最近の僕にとっての成功は、誰にも怒られずに、摂生して、安心して眠れる日を送ること。成功してストレスを感じるような人生では意味がない。

成功の鉄則

「数値化、具体化、誰とどんな会社を作りたいのか？」——成功の定義は明確にする。

成功の公式

「楽しいこと→続く→儲かった」

「辛いことをしないと成功できない」と思うのは、成功していない人の思い込みでしかない。

前にも言ったけど、「人生、楽ありゃ苦もあるさ」という歌の世界観が問題なのだ。特に問題なのは苦が後ろにあることだ。人間は最後に聞いた言葉が脳に残るようにできている。たとえば、こんな感じ。

「ますだたくおは、お金持ちだけど、性格が悪い」

「ますだたくおは、性格が悪いけど、お金持ち」

きっと、前者は「性格が悪い」、後者は「お金持ち」が強く残る。

だから、せめて「人生、苦がありゃ楽もあるさ」にしたいし、本来であれば「人生、楽ばかりー」で生きていきたい。

僕が楽しいことにこだわるのは、結局、人間は楽しいことしか続かないからだ。さっきも言ったけれど、成功者はプロセスを楽しんでいるのだ。

逆に、苦しいことをした先に良いことがあるのでがんばろうとするのは、プロセスが辛いということだ。辛いと思いながら仕事をしていると、お客さんにもそれが伝わってしまうので売れない。「あきらめないぞ！」と無理にがんばるよりも、「あきらめる」なんて言葉を忘れるくらい楽しく仕事をしよう。

仕事の目的は儲けることにある。だけど、僕が「楽しい↓続く↓儲かる」が成功のサイクルだと言うと、時々、辛い仕事なのに無理やり楽しいと思い込もうとする人が出てくる。

「苦労のあとに成功がやってくる」という日本人の成功法則は、プロセスの順番が逆になっていると思う。正しいか、正しくないかではなく、楽しいか楽しくないかで判断すると成功するプロセスになる。こんなことをコンサルタントの人に言うと、たいてい「論理的に不可能だ」と言われてしまう（だからと言って、彼らが僕よりも稼いでいるというわけではない）。

もしあなたが「苦労は買ってでもしろ」という考えの持ち主なら、僕の苦労を売ってあげよう。

繰り返すが、**プロセスが楽しければ必ず儲かる。ビジネスモデルや仕組みだろ**

うと、マーケティングだろうと、楽しいから人が集まってくるのだ。

どんな職種であろうと、「お客さんが来なかったらどうしよう？」と思いながら作る広告よりも、「お客さんが押し寄せてくる」ことをイメージしながら作る広告の方が反応率は高い。これは真理である。

もっとシンプルに言おう。今を楽しまないと後悔するよ。ストレス発散なんて、一瞬の快楽は続かない。そもそも苦労しているからそんなものが必要になるのだ。人って絶対に死ぬよね？　夢を叶えずに死んでいく人はいっぱいいるけど、「それでええのかな？」って感じる時が正直ある。

人って絶対に努力をする生き物だから、前には進む。人類に退化なんてない。でも、どうせ生きていくなら、楽しく夢を叶えないといけないと思うよ。

成功の鉄則

人間は楽しいことしか続かない。苦労なんかしなくても、楽しくやっていれば必ず成功する。

成功することと意志の力はまったく関係ない

意志の力を使って成功しようとするのは素人だ。成功者は、無意識、ナチュラルを大切にする。

もっとはっきり言うと、努力をしているという時点で素人だ。

楽しいからやっている。「Ｙｅｓ Ｉ ｄｏ」である。

僕は忍耐力についてこう考えている。

〈忍耐力がある〉成功するまでに時間がかかるか、成功する前に人生が終わる。

〈忍耐力がない〉ガマンできないので行動が早い。その分成功に近づく。

また、世間の人が成功者の必須条件だと思い込んでいるこんな言葉がある。

鋼鉄の意志

自制心

自己管理能力

こういう言葉を聞くたびに僕はため息をつく。なぜか？

どれも１ミリも成功に関係ないからである。

この３つを持たないけど成功している僕が言うのだから間違いない。

僕が成果をあげられているのは次のことをしているからである。

1　目標・ゴールが魂レベルで明確である

2　間違った栄養素を摂取していない

3　大好きで続けられる運動を適度にしている

4　付き合う人を絶対に間違えない

5　勉強をしてすぐ実践できる

6　タイムスケジュールに従っている

7　先生マスターの言うことはすべてである

8　自分の心の中の恐怖に従順である

9　マイナス思考である

10　性格が非常に冷たくて常に冷静である

こういう感じかな？

完全無欠の要素はないけど、どれも自分でコントロールできる。そもそもコントロール可能にしておくのが得意である。相手に主導権を握られるシステムには頭から突っ込まないし、どれだけ儲かったとしても信条から外れるような金儲けはしない。逆に儲からなくてもその人や仕事が好きであればドンドンやる。（＝そうならなければ絶対しない）

実際、人間にとって意志の力を使うのは大変だ。

つい先日、実際に見たことを話そう。

大阪から東京まで新幹線で移動している時のことだ。隣に座っているいかにも仕事ができそうなビジネスマンが「ＭＢＡなんとか」という分厚い本をカバンから取り出して、前の網かごに入れた。そのあとすぐに彼はスマホを取り出してゲームを始めた。で、結局ゲームに熱中し続け、本を開くことのないまま品川に着いた。読書は意志、ゲームは無意識。

成功の鉄則

成功者は意志ではなく、無意識、ナチュラルを大切にする。ガマンしない方が早く行動できて、その分早く成功する。

思考は
現実化しないが、
行動は
現実化していく

思考は現実化するだろうか？

あなたはどう思う？

僕の答えは、「しません」だ。

それに対して、行動は現実化する。

頭の中で考えているだけでは全然現実化しない。

たとえば、僕はカツカレーが大好きなんだけど、家でカツカレーのことをいくら一生懸命想像していても、目の前には出てこない。

でもココイチとかC&Cに行って「すんませーん、カツカレーくださいー！」と注文したら、一瞬で出てくる。

つまり思考がそのまま現実化するのではなく、思考を行動に移した結果が現実化するということなのだ。

だから、僕にとっては思考よりも行動が楽しいのだ。楽しい行動をたくさんするほど、結果もたくさん出る。

ところが、世の中にはなぜか「行動＝辛い」という図式がある。多くの人は行動するのをためらったり、行動する前に気合いを入れたがる。

さっきも言ったけど、辛いことの先に成功があるというのは敗者（凡人）の考えだ。

たとえば、学生時代にスポーツで猛烈な練習に耐えた人を積極的に採用したがる企業は多い。理由は、あれだけの苦労に耐えたのだから、仕事でも苦労に耐えるだろうということだ。しかし、実際に採用してみると、まったく働かなかったりということがよくあると聞く。

理由は簡単で、その学生は苦労が好きとか、苦労に耐性があるというのではなく、単純にそのスポーツが好きだったので、はた目には苦労に見える猛練習を楽しんでやっていたということにすぎない。練習という行動の量が圧倒的だったので、良い成績が現実になったのだ。だから、仕事のことが好きにならなければ、そんなにがんばらないのだ。

行動こそが夢や成功を現実化させる。行動が楽しければパフォーマンスが上がり、良い結果が出る。さらに良いイメージを持って行動すると、予想以上の結果が出るので、思考が現実化するというはまったくの間違いではないのだけど、やはり行動することが前提だ。

楽しい行動は、予想以上の結果をあなたにもたらし、そんなことを考えたこともなかった生活ができるようになる。行動は、年収１００万円だった人を年収１０００万円、２０００万円に押し上げる。

マーケティングは楽しいプロセスだし、セールスで「買ってください」というのは駆け引きでも、お願いでもなく楽しいことを仲間に紹介するという行動だ。

村上春樹さんが「生活のために仕事をしていない」と書いていた。芥川賞や直木賞を目指しているわけではなく、楽しいから小説を書いているという行動が大きな成功につながっていることは、僕にとっては当たり前のことのように思える。

成功の鉄則

楽しい行動をすればパフォーマンスが上がり、結果も出る。するとさらに行動して予想以上の成功を収める。

構想（妄想）と企画（計画）と実践（現場）は三位一体

頭で描いたことを計画して実践できる人は一握りという話を聞いたことがあるだろう。

なぜだと思う？

よく言われるのは、ほとんどの人には実践力（行動力）がないからということなのだけど、ほかにも2つの理由がある。

実践できない理由は妄想力がないからだ。

妄想は、収入が1億円でも100億円でも自由のはずなのに、自分の年収が500万円だと、そこを基準にして妄想を打ち消してしまう。妄想は構想の基礎になるので、思い描かないことには実践のしようがない。

妄想で大切なことは明確さである。1億円がどれくらいの札束になるのか、知らないことには妄想も描きようがない。なので、妄想ができない人は、どこかで1億円の札束を見ることをおすすめしたい。

もう1つの実践できない理由は、企画力のなさである。1億円を得たいのならどのようにすればいいのか？　計画が必要になる。さっき話したように、1億円を見たことがないなら、どこかで1億円を目にする方法を考える。これが企画力であり、計画である。

妄想、企画、実践は三位一体なのだ。どれか1つが欠けても実践に移せない。

妄想と企画がないまま実践をするのは、事業家ではなく、ただの仕事人だ。

「思い→計画→行動」が目標を達成するという話はこれまで何度も聞いただろう。心技体や三位一体という言葉を知っていても目標が達成できていないなら、何かが足りていないのだ。技と体だけだとロボットと同じだし、もちろん心だけでもダメだ。

ここで特別にお客様を100人以上集める方法をお教えしよう。

小賢しいマーケッター風な人がいるし、自分のお客様を集められもしないのに集客代行なんてしている人もいるけどそれとは一線を画す方法だ。

まずは先手必勝。早くやったもの勝ち。これが確実にお客様を100人集める方法だ。

明確な「誰」を示して

あなた自身が「誰であるか」を言い
「何が」手に入り
「何が」手に入らなくて
「手に入っていないもの」を示し
「なぜ」今買った方がいいのかを示す

もはや言いわけ無用である。この通り実践して、お客様を集めればいい。この順番でやっていけば僕のように、どんなことがあっても３００名前後であれば、どんなに高い値段でも人を集めることができる。もし、できなかったのであれば、順番が間違っているか言い方を間違っているかでしかない。もちろん、実践すればの話だけどね。

成功の鉄則

妄想と企画がないまま実践をするのは、事業家ではなく、ただの仕事人。ただし、妄想は明確に。

基本には99.9
パーセント忠実に、
応用は0.1
パーセントに

ビジネスは、基本が99・9パーセント、応用が0・1パーセントと言ってもいいだろう。

「基本」と言っても、ここでお話をしたいのは、あなたが思っているよりもずっと根本的な話だ。

以前、求人広告を出した時、前代未聞の恐ろしい人が面接に来たことがある（本人は自信満々）。

あいさつができない（アゴを突き出して頭を後ろに下げる感じ）、ネクタイが曲がっている。で、「スキルがあります。すごい会社にいました。」と言い、凡人の決め台詞である「なんでもできる」と言う。

実際になんでもできるのかもしれないけど、採用しなかった。

人生の基本ができていない人は信用されない。当たり前だ。たとえば、タバコを道ばたにポイ捨てするようなマナーの悪い、常識がない人がどんなに一生懸命に営業をしてきても聞く気にもなれない。

ふだんから基本をやっておくと人から尊敬される。反対に基本をやっていない人はケガをする。それは空手の型をきちんと身につけていないくせに、いきなり三日月蹴りをするようなものだ。もっと簡単に言うなら、ふだんまったくトレーニングをしていない人が重たいバーベルを持ち上げると体が壊れる。

次の仕事の基本は早起きをすることだ。ここで脱落する人が多い。ここを乗り越えられたら、次のことをおすすめしたい。

1　1人でやらない。チームでやる

もはや1人でできるなんてそういうおこがましくて忙しい人には楽しさよりも苦しさがつきまとう。

2　自分の得意なタイミングとマーケットでやる

やる気が出る時間帯に働き、やる気が出るお客様と付き合う。

3　ライバルと戦わない。オンリーワンになる

自分にしかできないことをやると、そもそも誰かとの価格競争や不当競争をやる必要はない。

4　まず型を身につけて、そのあとで思いっ切り型を破壊する

基本に忠実にやり、人の真似をして楽ちんになったところで、思いっ切り自分の型に変えていく

5　苦しいことから逃げない。乗り越え癖をつける

逃げているとまた次のチャンス、次のチャンスと逃げ癖がついてチャンスを逃しやすくなる。今日できることを今日やるという乗り越え癖をつけておくと自然に楽しくなっていく。

6　「仕事が楽しい！」と毎日10回以上言う

「苦しい」「ダルい」「全然ダメ」と言うよりも、この「仕事が楽しい！」を毎日10回繰り返しておくと本当に脳みそが楽しくなってくるから面白い。
すべて効果絶大なのでぜひ実践しよう。

成功の鉄則

まず早起きができるようになり、次にビジネスの基本を身につけたら、自分の型を作って思い切り稼ごう。

ライバルたちが
あきらめるまで
続けるだけでいい

アイデアをパクられたら……

先を越されたら……

弱みを握られたら……

こんな風に、商売の旨味を他人とシェアすることに抵抗がある人たちがけっこういる。

こんな人たちにいいニュースと悪いニュースがある。

まずはいいニュースから。

周りの同業他社やライバルはこらえ性がないのであきらめてくれる。途中で投げ出してくれる。だからあなたがやり続けていくだけでその市場では勝てる。特別な才能などいらない。継続が市場を制する。

次に悪いニュース。

あなたも飽きてやめてしまうことである。そして、あなたより長く行動をし続けた人がその市場をかっさらっていく。

たとえば、芸人が芸風を変えることがある。ワンパターンは「一発屋」と言われるので、芸風を変えること自体に反対はしない。でも、お客にウケている間は同じパターンや持ちネタを続けるべきだ。自分たちが飽きてきたことが理由で芸風を変えると人気は下がっていく。

まず僕は焦らないことにしている。それは周りがのんびりしているからというのもあるけど、ちゃんと（と言っても60パーセントくらいの出来で）中身を作ってからリリースした方が継続率も高まっていくからである。

まあ、でも大前提は周りは遅いということだ。それも「日本では」。仮にアメリカだったらそうもいかない。みんながスピード狂だから、のんびりしていたらどんどん置いてきぼりにされてしまう。

だから、日本でビジネスをする限りは、続けていると周りがあきらめていってくれるので、続けることが成功の秘訣だとも言える。

試してほしい。ほとんどの人が2～3回であきらめてくれるよ。

もし、「そうは言っても自分は続けられない」と思う人は、自分で「これだ！」と思うものを見つけて、それにとことんのめり込んで行くという〝ギア〟が大事。

こんなことを言うと、自分に合ったものをずっと探し続ける人たちがいるが、なんでもまずはやってみればいいと思う。**小さいことでも自分が決めたことをやっていくということが大事だ。**

たとえば、「トイレ掃除をする」とか「ラジオ体操をする」という小さなことで良い。こうしたことを毎日積み重ねるうちに、「自分で決めたことがきちんとできるんだ」というセルフイメージができていくので、いつしか大きなことも達成できるようになる。

ちなみに、僕が最初にやっていた習慣は、朝一番に絶対にトイレ掃除をすることだった。

成功の鉄則

もし、やり続ける自信がなかったら、まず小さな習慣を積み重ねて「決めたことができる自分」を作ろう。

大切なのは
「夜明け前を
見極める力」

「その方法でうまくいきますか？」

そんなことを聞いてくる奴はダメだと思う。うまくいくかどうかは僕の問題ではなく、その人自身の問題だ。自分のことなのに他人に確認をしてくる人には、こう答えたい。

「うまくいくけど、お前はやらなくてもいいと思う」

行動は、うまくいくことをうまくいかせるためにやるものだ。

陽の光は、夜明け前が一番暗いと言われる。この暗い時間帯に人間の進化が試されている。でも、ついつい明るい方に目を向けてしまう。

メジャーなものにチャンスはない。人が集まってくるところにビジネスチャンスはない。僕がいつもマスター＠ＮＹから教えていただいているのは「夜明け前を見極める力」が大事だということだ。

あなたの仕事や使っているテクニックがメジャーではないからこそ、パイオニアとして浸透させる第一人者になれると考えるべきだ。

メジャーではないことがもし心配になるとすれば、それは市場の問題ではなく心の問題だと思う。

「こんなマイナーなもの流行らないだろうな……」と考えている人が積極的な交渉や提案や行動ができるだろうか？　僕は「できない」に一票入れる。

そういう時もあるだろうけど、そういうものをわざわざ頻繁に自分の人生の時間に費やしていては歳だけを取ってしまう。

「自分のやっていることは正しい」という根底になる考えや信念が僕の強さだと自負している。

借金があり死にそうな思いをしていたけど、自分を信じることだけはできた。自信を失うようなことも一度や二度ではなかった。きっと1万回くらいはあった。でも、信じた。それは、親への感謝や友人への感謝があったからだ。「自分にはこんなに素晴らしい親や兄弟、友人がいるんだ。絶対に失敗なんてするもんか」と首の皮一枚でやっていた。

こんなこと、今では笑える話だ。でも、当時は震えに震えていた。「本当にオレ大丈夫か……」「本当は間違っているんじゃないのか……」と何度も頭の中を回るのだから大変だった。ただ、暗いほど五感は研ぎ澄まされる。

自信を持って言えるのは周りへの感謝、そして執念の気持ち。それ以外に乗り越えられた理由がないと思う。これを書いている今でもなかなか信じられない現実がある。ボコボコの車からいきなりフェラーリなのだから（笑）。

自分でも笑えるくらいいい人生だと思う。

今でも僕は全然「いい人間」ではない。だから、**「人生で最も大事にしていることは？」と聞かれたら、きっぱりと「欲望、執念、執着、大きな夢」と答える。**これが、行動とか行いになる。それ以外に僕には何もない。すべてが執念である。なんせずっと悔しい思いをしてきたのだから。

これからもドンドン大きな夢を叶えていきまっせ!!

成功の鉄則

あなたの仕事やテクニックがメジャーではないからこそ、パイオニアとして第一人者になれる。

ひたすら
「積み重ねる」
「続ける」
「信じる」

積み重ねたことでしかスキルにならない。スキルとは持って生まれるものではない。さなぎは急に蝶にならないように、イチローは生まれた時からヒットを打てたわけではない。

続けていないことはボロが出る。

たとえば、大阪のおばちゃんに多いのだが、時々テレビで面白い人を観ることがある。下手すると芸人よりも笑いを取っていることもある。でも、僕は芸人さんがやっぱりプロだと思う。いつでも面白いことができるから。いつどんな時に舞台に上がっても笑いを取れる。大阪のおばちゃんはその時は面白いけど、「舞台で面白いことを言って笑いを取って」と言ったら再現性がない。結局のところ、「面白い素人」でしかない。

プロは、信じてやる。つまり、信念がある。仕事の積み重ねは信念の土台になる。仕事を続けると、信念が成功のエンジンとなる。

僕が今の仕事を始めた時は、誰1人信じてくれなかった。でも、誰かに信じてもらえないと動けないということはない。自分が自分を信じることで行動できるのだ。

心が落ち込んだ時は、体を使って信じるポーズをやって、気持ちを「大富豪」にした（「億万長者」ではなく）。

こうして、**1ミリずつ進み続けると「見えざる手」が助けてくれる。**人はこれを運と言うけど、**運はがんばっている人にしかつかめない。**

部屋の中にいて引き寄せは作動しないと話したよね。

引き寄せの法則でカツカレーは届けてもらえないし、もちろんカツ丼も届かない。ご飯はオーダーするから運んできてもらえる。間違った注文をしてはいけない。カツ丼が食べたいのにカツカレーをオーダーしたら、食べたいものが届かない。これは願望も同じ。

だから**願望はいつも明確にしよう。すると、誰かが助けてくれる。**

今、こうして本の原稿を書いているけど、本の出版も「本を出したい」と言わなかったら実現していない。

「本を出したい」と言ったら友人が編集者を紹介してくれて、すぐに出版が決まり、たぶん、あと2カ月後には書店に並んでいる。普通はこんなに早く書店に並ぶことはないそうだ。みんなが僕を助けてくれている。

では、「見えざる手」の正体をお教えしよう。

それは、人間だ。この世には、知的な意志を持って人を助けることができるのは人間しかいない。僕を助けてくれるのは人間、これからあなたを助けてくれるのも人間。

運を良くしていく方法があるとしたらもうわかるよね。

「積み重ねる」「信じる」「続ける」。そして人に感謝して、人が喜ぶことをする。すると、何もかも勝手にうまくいってしまう。なんせ人が助けてくれるわけだからね。

成功の鉄則

1ミリずつ進み続けると「見えざる手」が助けてくれる。「見えざる手」とは人間のことである。

お金と時間は「使う」のではなく「転がす」

成功者は、お金を使うのではなく、「転がす」という表現を使う。

さて、「お金を転がす」とはどういうことか？

お金を使ってしまったら戻って来ない。しかし、「転がす」とコロコロと回ってから自分の所に戻って来るというイメージ。しかも、転がっている間に大きくなって戻って来る。「お金を転がす」というのは、「投資」と言い換えてもいいだろう。

僕が知っている大富豪の多くは現金を持っていない。カードで支払っているか、ほとんどがあと払い。その間に常に資産を1～2パーセントほど増やしているから お金が転がって増える一方だ。

低所得者は、現金があるか、預金があるかどうかで判断するけど、高所得者はお金を転がして、毎月お金を増やしている。だから、キャッシュはないけど資産はある。

僕はフェラーリに乗るのが夢だったので、儲かった時にすぐにフェラーリを買った。しかし、乗りにくいので別の車に乗り換えた。この時の僕はフェラーリにお金を使ったのだ。

今でもスーパーカーを何台か持っている。しかし、ほとんど自分では乗らない。乗らない代わりに乗りたい人にレンタルをしてお金をもらっている。だから、スーパーカーが転がって僕にお金を運んでくれる。買った車は僕のキャッシュフローの一部だ。

もちろん、売る時の値段は下がっているけど、買った時よりも、僕は多くのお金を手にしている。

自分で乗っている限り、スーパーカーの価値は毎日下がる。でも所有するのではなく、貸しているので、スーパーカーのライフタイムバリューは高い。

もちろん、スーパーカー以外にもお金は転がっていて、僕にお金を運んでくれるようになっている。

お金を分散させて転がすことで、増える速度も倍になる。

仕事も同じで、自分でなんでもやるか、人に手伝ってもらうかになる。人に手伝ってもらうとは、他人の時間を使わせてもらうということだ。

「時間を買う」とは、要は人にお金を払って仕事をお願いするということなのだけど、スタッフに払う給料をコストだと思っている経営者は、お金の転がし方が上手ではない。払った給料以上にスタッフが稼いでくれれば、お金が増えていくということを忘れてはいけない。

最近では、クラウドワークが盛んで、仕事を待っている人が多くなっている。わざわざスタッフを固定給を払って採用しなくても、こういう人たちに仕事をお願いすることができる。また、ありがたいことにフリーランスにはサラリーマンよりも優秀な人が多い。

この前はフリーランスのデザイナーに作ってもらったバナーとランディングページが、爆発的なお金を僕に運んで来た。今日もお金が転がっている。

成功の鉄則

高所得者は、お金と時間を上手に転がすことで、お金をどんどん増やしている。

column

ますだたくおの仲間たち 4

久保田大貴
Hiroki Kubota

BUSINESS
治療院経営

彼は、2年前に若干28歳の時に広島から僕のセミナーを受けに来てくれました。その時は月給が21万円のサラリーマン治療家だった彼が、独立を志しての受講だったそうです。

僕も何度か彼の治療院に行きました。住宅地ではありますが、広島駅から車で1時間も山の方に入っていくド田舎です。店舗を借りて独立するのに、立地の良い都市部で開業できるほどの資金は若い彼にはまだ調達できなかったのでしょう。

彼も僕のセミナーで伝えた通り、チラシを配布して、オープンの2カ月ほど前から集客を始めました。プレオープンとして無料で治療を行い、地域に浸透していったのです。満を持して迎えたオープン初月の売り上げはなんと135万円。

その後も、前の月を下回ったことがないという彼は、先日月商500万円という1人治療院ではほぼ限界の売り上げを突破しました。ちなみに、僕の1人治療院時代の最大月商は700万円ですから、まだまだではありますが……。

彼は、自分の治療技術にはそれほど自信がないそうですが、自分を頼ってきてくれた患者さんは全員症状をなくすことが可能だと言い切ります。今では、納税の心配をしないといけなくなるくらい稼いでいます。僕の会には、1人治療院でも、月商200万円超の方が50人以上います。1人治療院で困ったことがあれば、なんでも彼に聞いてください。

第5章

あなたの
人生を変えるのは
あなたの
情熱だけ

人を信頼すると
感謝は自然と
生まれてくる

「信じているよ」と言うだけで人の懐に入ることができる。これは、とてもパワフルなので悪用はしないでほしい。

でも、人間は感じ取れる動物だから嘘はつけない。

「あなたができることを知っている」「できる子だね」と相手をホメると、相手のやる気を引き出せることが多い。

しかし、世のほとんどの社長はこんなに簡単なことをスタッフに言っていない。それどころか、スタッフに怒ったり、外の人に「うちの社員は使えない」なんて言っている。こんな社長の会社が儲かるわけがない。社長も社員もお互いを信頼していないからね。

「うちのスタッフはできる」と言って、近くの人たちに感謝することができれば、問題は自然と丸くおさまる。**人間関係を丸くおさめる方法があるとしたら、相手に感謝することだ。**

仕事でも同じで、取引をしてくれるということは、感謝の証拠だし、**売り上げとは感謝がお金に変わったもの**だとも言える。

こう言っても、「わかっていてもできないんですよ〜」なんて言う人が時々いるのだけど、これは自己洗脳以外の何ものでもない。すでに性格が相当悪くなっているよ。

伸びている会社では「ありがとう」という言葉をよく耳にする。荷物を配達をしてくれる人にも「いつもありがとう」と感謝しておくと、配達が早くなる（かもしれない）。僕の会社の社員も塾生も信頼できる人ばかりだ。

感謝して感謝されるペイフォワードで人は大きくなっていく。いつも僕は1人ではないなと思う。仲間が来てくれる。そういう寛大な仲間がたくさん来てくれて涙が止まらないことがある。

感謝の念がある。成功なんてしてないけど、僕はみんなに感謝を伝える義務があると思う。それが礼儀だと思う。その気持ちがあれば人は助けてくれる。助けてくれないとすれば、きっと感謝の念が足りないだけ。

僕はまだまだ先に行けると思う。信じてくれる人がいるということは、まだまだ先に行かなくちゃならないということやと思うから、僕は何がなんでも先に行きたいと思う。

周りの人の存在に感謝。

健康な体に生んでくれた両親に感謝。

自分を磨いてくれる試練に感謝。

ありがとう。

追伸‥

「本当に感謝すれば売り上げが上がりますか？」

「知らんわ！」

でも、人に感謝できればそれだけで気分がいい。それだけでも感謝する価値は十分あるじゃないか。

成功の鉄則

近くの人たちに感謝することができれば、問題は自然と丸くおさまるし、ビジネスもうまくいく。

ストーリーを
終わりから描くと
素晴らしい
人生になる

野球選手といえば大谷翔平とイチローを思い浮かべる人が多いのではないかと思う（というか、僕は思い浮かべる）。

大谷翔平は投げて良し打って良しの二刀流。イチローは安打製造機の一刀流。どっちも一流の選手だけど、まったく違うセンスがあるし、どっちも育ってきた環境が違う。

共通しているのは、今は2人とも野球選手として成功しているけどいつかは終わりが来るということだ。この2人に限ったことではなく、あなたにも僕にもいつかは終わりが来る。だから、終わりのことを予想して今を生きなければいけないと思う。

花形の職業だからといって、一生安泰の姿勢を取ると消えていく芸能人みたいになってしまう。そうならないために以下のことをやっておこう。

1　終わりを考えて
2　そこから逆算してストーリーを作り
3　中間地点と現時点を意識し

4　そこで何を行動すればいいかを考え

5　実践し、ギャップを意識し

6　常に改善を施し

7　環境適応するようにする。

逆算のストーリー（まずはエンディングから描く）は非常に参考になるからやってみてほしいのだけど、自分の人生の最後がどうなっているのかと決めてかかれる人はそうそういない。いないからその場しのぎになる。その場しのぎになるから一般道から外れることのない人生を送る。良いも悪いも凡人路線である。

イメージ、どんな気分か、どんな風になっているか、物質的、精神的にどうなっていたいのか。ガマンしない生活とはどんな生活なのか？

1兆円企業を作る人は、スタートアップの時から1兆円企業を意識している。たまたま成功してしまった人でも、ギャップを意識してゴールを再設定している。

人生のゴールを決めた瞬間に狙いが定まる。そして、あなたが望むストーリーの幕が上がる。人生の終着点は、やりたいことができずに死んでいくことではない。人生の目的を達成するということだ。

終わりを意識して生きよう。あなたが10代でも20代でも30代でも、はたまたそれ以上の年代であろうと、そんなことは関係ない。終わりからのストーリーを描いてみよう。きっと素晴らしい人生になるはずだ。

今の瞬間からできることは、人生の終着点を作るということだ。

人生の終着点を目指して、タスクの1回ごとにスケジュールとゴールを確認しよう。そして、一日一善、一日一点、その日のタスクを完了させよう。

老いてしまって、試合終了の3分前になってもウォーミングアップをしている選手は試合にも出ることなく敗者となる。1年の計は元旦にあるのではなく、毎日の積み重ねにある。

成功の鉄則

人生の終わりからストーリーを描き、ゴールを達成するために行動しているかを毎日確認しよう。

行動すれば
マインドは
あとから
ついてくる

「モチベーションが上がらないと行動ができない」と言う人がいるけど、実際は逆である。前にも言ったけど、そもそもモチベーションとは動機のことなので、やる気のことではない。

行動するからマインドが上がるのだ。たとえば、人間スキップしながら落ち込むことはできない。行動が先、マインドはあとからついてくる、これは僕の持論である。

行動を「苦しい努力」などと勘違いするから、マインドなんかが気になってしまうのだ。

よくみんな「歯を食いしばって努力することが必要だ！」みたいなことを言う。だけど、漢字をよく見ると「力を努める」と書く。別に苦しみだったりとか、悔しさの意味はない。

目的を達成するために自分の持っている力を努められる人は、それだけで天才、あるいはその予備軍と言ってもいいと思う。

よく考えてみてほしいのだけど、天才という人が何もしないでひらめきだけで偉人というポジションを築けたと思う？　ベッドから起きてなんの経験もなくいきなりノーベル賞を獲ったと思う？

積み重ねることができる人、続けることができる人、信じることができる人、これはすべて天才の人がやることだ。

努力ができる人は天才。
自分のことを信じられる人は天才。
バカにされても前に進める人は天才。
要するにあなたは天才。

僕ももしかすると天才。

天才はのめり込みが激しい。前のめりし過ぎて頭が禿げてしまったのは孫正義さん（そうツイッターで言ってた）。

その天才ぶりを今すぐに発揮してほしい。

「それでも、やる気が……」と言う人には、とっておきの行動ができる方法をお伝えしよう。

やる気を出すコツ、それは大きな声を出す。これだけ。

エモーションはモーションから生まれる。部屋でイメージトレーニングをしてもカツ丼は届かないけど、お店に行って大声で「カツ丼ください！」と言えば確実に食べることができる。

誰もいない部屋で叫んでいても誰もやって来ない。お客さんを呼ぶためには、ポスティングでチラシを配ったり、ネットで広告を出してみるなどの「呼びかけ」が必要だ。

今の世の中、マインドばかりを重要視する本やセミナーが多過ぎると思うので、僕は**「行動！　行動！　行動！」**と大声で言うことにしている。

成功の鉄則

自分のやりたいことに前のめりになれるというだけでも十分に天才。だから、ひたすら行動せよ！

本当の人生は
「自分を認める」
から始まる

「できた！」というのは魔法の言葉だ。決めたことができたら自分の中に実績ができるし、自信が芽生える。すると、モチベーション（動機）を再確認できるので、行動が速くなり、結果も出る。

仕事をきれいに終えることができた日は自分をホメよう。自分を認めてホメると自己重要感が高まる。せっかくの自分の人生なのだから、自分をきちんとホメるようにしよう。

「私なんてまだまだ」なんて謙遜してはいけない。

考えてみてほしい。たとえば、ノーベル賞の受賞者が遠慮して「私なんてまだまだ」とか「もらえる資格がない」なんて言った日には、場が白けてしまうだろう。それと同じ。

人生、過信して足を踏み外してもいけないけど、過少評価してしまいチャンスを逃しても面白くない。

常に、「いい按配」「いい加減」で自分を認めることが大切だ。どんな小さなことでも、達成できたら自分を認める。

この世で唯一重要なのが「自分に正直に生きる」ことだとしたら、世の中、自分に嘘をついている人が多過ぎる。

「ガマンが大切だ。忍耐強くしていれば、あとでいいことがある。死んでから天国に行ける」なんて、自分をごまかすのはやめよう。

天国と地獄の分岐点で、閻魔様に「お前はやり切ったのか？」と問われた時に、なんと答えるか？　これを考えよう。

難しいことをやらないといけないという話ではまったくない。**今日やるべきこと、やると決めたことは、今日完璧にやり切ること。**仕事の達成度が8割だと、結局あとで手直しが必要になる。

ガチャガチャを回してもお宝が出て来ない原因の8割は、ハンドルを最後まで回し切っていないことだ。

やり切らない人は手に入るものが限定される。本来手に入るはずのものでも、6割か7割で止まってしまう。

仕上げの2割に力を入れて、フォローアップをして、フォローのフォローをすればお客さんは確実にあなたのファンになってくれる。

自分のことをきちんと認めるからこそ、他人に認めてもらえる人生が始まる。

人は最初からそんなに大きなことができない。僕は1つのビジネスで100億円を稼ぐよりも、売り上げ1億円の会社を100社作りたいと思っている。

大きいものばかり狙っている人は大型契約にだけ目を向けて目の前の人を幸せにできないこともある。

何かをやり切って1日1つ成功するということを積み重ねれば、あなたが生きているだけで成功に近づく。

セルフイメージを上げるために何か1つをやる。決めたことをやる。そして、できた自分を認めよう。

成功の鉄則

やるべき仕事、やると決めたことは、完璧にやり切るようにする。そしてやり切ったら自分をきちんとホメる。

夢中になっている
人はなんでも
簡単に叶える

何をやってもうまくいく方法があるのでお教えする。

僕は貧乏を脱出してからというもの、仕事は何をやってもうまくいくし、人間関係もうまくいくし、やることなすことすべてうまくいく。なんでうまくいくのかと言うと、運がいいとかそういう部分的なものではなく、潜在意識を活用しているからである。

もしかしたら、あなたの頭の中は「？・？・？・？・？・？・？」という感じだろうか？

それもそのはず。これは「選ばれた者にしか与えられない意識」だからである。

前の章で、「『僕は選ばれし者ではない』と言ったではないか！」なんて突っ込まれそうだけど、これから話すことを知っていれば、自他ともに選ばれた者になるので、しっかり読んでほしい。

その真髄とは、イメージだ。

うまくいくというイメージ

大丈夫だというイメージ

転びそうにもないイメージ

これらが現実を創っているということである。

あなたの頭の中の「はぁ？？？？」という声が聞こえてきそうだ。

「そんな都合のいい話がどこにあるのか⁉」と言う人もいるけど、その「都合」を決めているのはほかでもないあなた自身である。僕はなんでも自分の都合いいように解釈するし、その解釈が何をやってもうまくいってしまう秘訣なんだと確信している。

もしあなたが「現実はそんなに甘くない」と思っているのだとしたら、これからは頭を切り換えて「じゃあ、甘くすればいいのではないか」と思ってみるのだ。これがイメージだ。

大きなお金はたやすく手に入り、有能な仲間や同志は常に周りにいて、足りないと思っているものはすぐ補充されたり、やることなすことすべてうまくいってしまう。

そう感じているからそうなるだけである。あなたがそうなるのも時間の問題である。

すべてがうまくいくイメージを持っていることを「夢中」と言うのだ。夢中になっている人は成功する。ゴールテープしか見ていないので一気にそこにたどり着くのだ。

たとえば、サーキットを時速300キロ以上で走っているF1ドライバーは、よそ見なんてできないよね。同じように僕がかつてキングボンビーで、怖いお兄さんにすごまれたり、40種類以上の仕事やバイトでてんてこ舞いをしていても、勉強をやめなかったのはとにかく夢中だったからだ。

どっぷりとハマるとなんでもうまくなるのだ。ガンプラ（古いか？）でもマニアが夢中になったものは仕上げもしっかりしている。だから、あなたもお金儲けにハマってみよう。

成功の鉄則

夢中とは、「すべてがうまくいく」というイメージを持つこと。夢中になった人が成功を手にする。

死んでも
やらなければ
いけない理由を
探せ

僕はまだ若いけど、いくつであっても人生をあきらめている人は死んだ方がいい（と思っている）。

たとえば、人生に絶望したとか、お金がないとか、家族が理解してくれないとか、お先真っ暗だとか、不況だとか、自分の思い通りにならないとか、本当にそう思っているのであれば死んだ方がいい。死んだ方が天国で楽になれるのではないかな？

話は変わるが、僕は自殺する奴を哀れんではいけないと思っている。そんな奴を哀れんでいると自殺者が増えてしゃーない。

どんな理由があるにしても、自分から命を絶つ奴はご先祖様をバカにしているし、人生を軽く見過ぎである。（ちなみに、僕も借金があった時は死んだでやろうかと思ったことがあったけど、その時は冬だったので寒くて首もくれなかったよｗｗｗ）

それでも死にたいと思うなら、死なない理由を作ることをおすすめする。何がなんでもやらないといけないこと、死んでもやらないといけないことを作るのだ。

それはなんでもいい。

僕の場合、第一は借金を返すことだった。毎日、怖いお兄さんが自宅までやって来るからね。次は、フェラーリを買うことで、自分をバカにした奴をそれで轢いてやろうと本気で思っていた。なんにもかっこよくないけど、それが死んでもやらないといけない理由だった。

お金を稼いでから、以前僕をバカにした友人たちにご馳走をするためにファミリーレストランに100万円持って行ったことがある。だけど、結局数万円しかかからなかった。料金を見ないでご飯を存分に食べさせて「どうだ！まいったか！」と言いたかったけど、そうならなかった。当時は田舎に住んでいて、いいレストランを知らなかったからね。

非人道的なものでも明確な目的がある方がいい。

死んでも欲しいもの、死んでもやりたいこと、バーニングデザイアーという燃えたぎる欲望があれば、あきらめようなんて気持ちはどこかに飛んでいく。ほとんどの人は、かっこつけて自分に嘘をついたり、目的が浅いからエンジンがかからないだけだと思う。

死んでもやりたいことは、目的は明確だし、結果が出るもの早い。

良くないたとえだけど、家族の命を奪った犯人を極刑に追い込むまで執念で裁判をしている人がいるよね。人間、心に火がついたら、あんな風に執念を燃やす。

執念は特別な人にあるのでなく、特別な環境で生まれる。僕の人生は、「生まれる→水泳する→借金する→返す→普通に暮らす」でおしまい。ごく普通の人生で普通でなかったのが、「借金→返す」という時代。**追い込まれると人間、すごい力が出るのだ。**

もし、あなたが死にたいと思うようなピンチにいるなら、実は人生最大のチャンスに直面しているかもしれないね。

成功の鉄則

死んでもやりたいことは、目的は明確だし、結果が出るもの早い。燃えたぎる欲望を持てばなんでもできる。

どうせ働くなら
宇宙が
素晴らしくなる
仕事をする

宇宙の話を僕とできる人いるかな？　それをマジな顔して語り合える人はいるかな？

現在、地球上の金融資産は合計で1京3000兆ドル（1300000000000000000円）くらいあると言われている。

でも、それらはすべて宇宙の〝一片〟でしかない。

これを僕たちはなぜか奪い合う。きっと減らないのに。

この宇宙の話は、金を儲けるなんていうチンケな話ではなく、「巡る」という話だ。

巡り巡ってユニバーシティリンクができる人の元にお金はやってくる、と今とても強く感じている。個々の人間が持っているものは大局的に見ればただの〝一片〟でしかない。

こういう話をすると宗教っぽく聞こえる。というか、もはや宗教そのものだろう。だから、一歩間違えると危険な話になるけど、幸せになるなら宗教は悪くもなんともない。

ここからの話は、フリーメイソンやイルミナティがしている（かもしれない）話で、絶対に一般人の地上には浮上してこない。

「絶対に」と言ったのは、世間一般ではそういう話は眉唾だと頑なに信じられているからね。これがイエスの時代なら磔《はりつけ》の刑になって葬られているだろう（ジョン・F・ケネディ、リンカーン、坂本龍馬、吉田松蔭などはその一味とも言われている）。

ちなみに、こういう話をすると顧客が減る。

「引くから」ね。

でも、これで引かないあなたは宇宙資産を手にできるかもしれない。

「Infinite Universe」（無限の宇宙）

すでに、僕がこれでまともな人でないことがわかるだろう。

でも、この言葉に集約されるのは事実である。

宇宙が良くなると自分たちが良くなる。

宇宙、地球、自分たちは関連している。**あなたが宇宙にとって重要な人物にな**

れば、必要なものはすべて回ってくる。どうせ仕事をするなら、しっかりやろう。相手にとって良くなるようにしよう。人が喜ぶ仕事をして宇宙が良くなるように意識してみよう。

大きい仕事は、大きいことを考えないとできない。それに大きい人は大きい人と取引をしたがるというのもある。ここで言っているのは、資産ではなく、考え方だからね。

宇宙が身近になれば、そのうち、日本という基準でなくなるかもしれない。月で生活する日が来れば、僕らは日本でも英語でもなく、別の星の人と月語を話しているかもしれない。

あっ、やっぱり引いた？

成功の鉄則

あなたが宇宙にとって重要な人物になれば、必要なものはすべて回ってくる。
宇宙が良くなるように仕事をしよう。

スケジュールを
しっかり組めば、
必ず稼げる
ようになる

僕が普段どんな生活をしているのか、知りたい人が多いようなので、お話しすると、僕の毎日のタイムスケジュールは判で押したように決まっている。

夜は10時半に寝る。そして朝は6時くらいに起きる。6時半から8時半まではクロスフィット。しっかり汗を流して、毎日筋肉痛。

そしてそのあとは12時くらいまで仕事。パソコンに向かう仕事ではなく、主に紙とペンを使う仕事ね。僕にとっては紙とペンは欠かせない仕事道具だ。ノートもできるだけ良いものを使い、字は大きく書く。余談だけど、字が小さい奴は稼げないよ。

そして午後は、人と会ってコンサルティングをしたり、Ｓｋｙｐｅをしたりして、「人と接する仕事」をする。これが3～4時間。

そのあとは1時間、何をしてもいい時間を設けている。本は毎日必ず読むけど、それ以外のことをする日もある。そして家に帰ってお風呂に入って寝る。

毎日一緒。つまんない人生。なーんも変わらない。曜日と日にちが勝手に変わるだけ。全然変化なし。

思うのだけど、稼げない人って日々の生活に変化を求め過ぎだ。

「今日はこの人に会って、明日はあの人！」「この仕事あの仕事！」……大変ですね～。お忙しそうですね～。それに比べたら僕なんてただのヒマ人。毎日一緒なのだから。でも僕の方が稼いでいるのは、どうしてなんでしょうね？？

秘訣は、**いかにタイムテーブルを崩さないか。**ここにある。

スケジュールはしっかり組むこと。できる人間は「帰ってみないとその日の予定はわかりません」なんて言わない。スケジューリングが完璧だから。イレギュラーなことを発生させず、毎日を淡々とすごせるかどうかが大事だ。

そうすればとっても稼げるようになる。代わりに、とってもつまらないけどね。毎日一緒で、曜日と日にちが変わるだけなので。

ついでに言っておくと、ジムに通って体を鍛え上げているから、僕のことをものすごい健康オタクだと思っている人が少なくないようだ。

確かに、健康に気をつけている面もある。炭水化物を控えたり、水をたくさん飲んだり。また、煙草は吸わない（煙草を吸う奴は金持ちになれないと思う）。

でも、マックのハンバーガーを4個一気に食うこともあるし、トランス脂肪酸たっぷりのクッキーを食べることもある。煙草は吸わないけど、葉巻を吸う。何が言いたいのかと言うと、「健康を害するから葉巻を敬遠する」という思考は僕には当てはまらないということ。

では、なんのために葉巻を吸うのか？　葉巻は1本を吸い終わるまでに1時間半くらいかかる。そして、煙草みたいにガンガン吸い込むのではなく、煙をくゆらせて香りを楽しむものなのだ。僕は、葉巻を吸う時が一番いろんなアイデアが出てくる。いいアイデアを出したい時、手にするものは人によって違うよね。

早寝早起き、決まったスケジュール、アイデアが出るツールを持つ。これが成功のポイントになる。

成功の鉄則

成功の秘訣は、いかにタイムテーブルを崩さないか。完璧なスケジューリングはイレギュラーな事態の発生を防ぐ。

人生は長さ
ではなく、
濃度である

この本も終わりに近づいた。最後にあなたに伝えたいこと、30代の僕が言えることは「人生は長さではなく濃度である」ということ。その証拠に自分のところに来ていただく方は、9割以上が目上の起業家だ。

人生が長さなら、きっと僕みたいな半端モンのところに顧客、人生の先輩は来ないはず。でも来ていただいている。

「これは何や⁉」と思う。

僕に濃度があるのかどうか知らんけど、長さだけで測るなら僕はきっとタダのアホに違いない。

あなたは長生きしたい？

100歳までも生きて歯を無くしてしまったら幸せだろうか？　おいしくものを食べることができない人生をいつまで続ける？　もちろん、性能の高い入れ歯があるのは知っているので、保険の入れ歯とか入れての話ね。

最近、国から100歳以上の方に贈られる銀貨がメッキになったと聞く。100歳以上の人が増え過ぎたからだろうね。

薄いものに慣れてしまう人生を送らされてはいけないよ。

食事の時に飲むウーロン茶は濃い方がおいしいに決まっている。でも、氷が溶けた薄いウーロン茶を飲んでいないか？　薄いウーロン茶は、濃いものに変えてもらおう。まずいものを最後まで飲まないといけないと思うのは錯覚だ。ましてや飲み放題なら遠慮する必要なんてない。

でも、僕は飲み放題のお店には行かない。量を入れ過ぎるからね。水分を摂り過ぎると、食事の栄養が体の組織に行き届かない。お酒は濃さだとしたら、響の30年ものをハイボールでは飲まないよね。量が多いのが得だと思うのは錯覚。

勉強も同じだ。**情報過多は入れ過ぎでアウトプットができなくなってしまう。量を増やしても濃度がないと深さが出ない。**

ちまちまと人生の意味を考える人がいる。時にはそういう時間も必要かもしれない。だけど、どうせ終わるのがわかっているものを真面目に考え過ぎるのは時間の無駄だ。それより、これから始めることに対してワクワクした方がいい。

この前出会ったあるオジさんは「細かいこと考えないで、金玉（睾丸）で考えろ！」と言っていた。一瞬「セックスのことかな？」と思ったけど、どうも違うらしい。先のことをクソ真面目に考えたって、わからないことに変わりはない。だったら、思っきり頭から突っ込んだったらええんやということだ。

あなたはどうする？　また本を読んで、気分だけ上がって終わるのですか？　**やる、今やる、やり切る。やらないなら空気を吸うな！**　土に帰れ！　いや、土に帰る前に全財産をこの本に使ってくれ！　僕には、ビル・ゲイツが「ますだの本を読んだ」とツイッターに投稿しているイメージがあるからね。そんなことはあり得ないと思うかもしれないとしたら、それが僕とあなたの違いだろう。

僕は10年前に賭けに出た。この先失敗したら、この本を読んでやり直す。ここまで読んでくれたあなたの人生が幸せになるように。

成功の鉄則

先のことは誰にもわからない。だから今やれ、すぐやれ、やり切れ！　やり切らないなら死んでしまえ！

1日の初めに
「今日は誰を
幸せにするか」
を決める

商売をする人全員に伝えたいのだけど、お客さんはアホではない。そこらへんの商売人が考えているよりもずっと賢くて、計算高い。それは、あなたがお客の立場になった時のことを考えればよくわかるだろう。きっと、変な商品やサービスには騙されないはずだ。もし、過去に騙されたことがあったら、次は用心するだろう。

お客さんが気にするのは、自分にとって得なのかどうかということに尽きる。

僕は商売を繁盛させる塾をやっているので、「人をお金持ちにする方法」を教えていることになるのだけど、塾生は僕がすごいかどうかでなく、最初は自分がお金持ちになれるかどうかにしか興味がない。だから、僕がどんなにコピーライティングのテクニックを教えても、成功した先輩塾生の体験談以上の説得力を与えられない。

職人魂はこだわりがあっていいのだけど、自分の仕事のクオリティを自慢しているだけだったらお客さんはお金を払ってくれない。

「おてんとうさまが見てくれているので、ずっとがんばっていればそのうち報われる」というのは美しい勘違いだ。

マクドナルドやスターバックスが成功しているのは、お客さんにメリットを感じさせているからだ。

成功者は、朝起きた時に「今日はあの人に得をしてもらおう」と考える。「買ってもらおう」ではない。お客さんを幸せにする、最初に相手に得をさせるからお金を払ってもらえるのだ。

さて、あなたから何かを買うことでお客さんにはどんないいことが起こるだろうか？　だからと言って、お客さんから言われたことをそのまましてしまうのはアホ。

「こうではないですか？」「こうすればどうですか？」とサービスをしていって、目の前の得をさせるとお客さんは自然とついてくる。

これは工夫の問題なので、一生懸命というがんばりだけでは無理。安さ以外に、どんな得を提供できるかを考えたら儲かる。

僕は、滋賀県の出身で、近江商人の三方良しの考えを実践している。

サラリーマンでも同じ。朝起きて、「今日も仕事か……」なんて言っているようでは、自分のことだけしか考えていないことになる。「今日もがんばろう!」と言うのも悪くはないが、結局自分のことしか考えていない。

もし給料を上げたいなら、上司や社長の幸せを考える。優先順位を考えた時に自分が一番上になっているようなら、それをやめて相手を上にもってこよう。

人は自分の得になることに興味を持つのが当たり前で、他人のことにそれほど関心がない。だから、**目先の感情や損得ではなく、誰かを幸せにすると自分も幸せになる**ということを知ってほしい。

目の前の人を幸せにするところから始めて遠くの人を幸せにすることで稼ぎは大きくなる。

成功の鉄則

お客さんに「安さ」以外のメリットを感じさせることができるようになると、ビジネスは大きくなる。

◎おわりに

昔、2人の友だちがいた。2人とも同じような高校に行き、同じような大学に行き、同じような大手の会社に就職をした。やがて2人とも幸せな結婚をして子どもが生まれて35歳になった。ただ唯一違っていたのは、1人の友だちは会社の社長になり100億円のグループ会社を作り、1人は家を買うために35年ローンを組んで仕事や上司のグチを言いながら暮らしているという。なぜ、このような差が生まれてしまったのか？　100億円の彼は昔の彼女の弟である。そして、35年ローンの彼は僕の部活の後輩である。彼らの違いを生んだのは、「この本に書かれていることを素直に実行したか否か？」である。彼らに5年前に教えたことは、この本に書かれていることの10分の1くらいの内容である。それ以外、何も難しいことは言ってない。

あなたがこの本を読んで、僕のことや本のことをどう思ったかはわからない。わからないけど、少なくとも1つだけ言えることは、実践すれば結果は出るし、やらなければ今のまま、ということだけである。そしてありがたいことに、実践の費用はタダ（無料）だということだ。この本を読んでくれた人が幸いにも1万人いたとしよう。ジャケ買いでもなんでもええんやけど、仮に1万人が購入したとして、感心してくれる人や1回まるまる読んでくれる人が1000人、つまり10パーセントくらいだろう。その10パーセントの1000人の中の100人くらいの人がこの本に書かれていることを実践するだろう。そして、結果を出す人が20人くらい、億万長者とか大富豪になるのが2〜3人くらいだと思う。

何が言いたいのか？

カンタンである。「**なんでもやらなきゃ結果は出ない**」ということ。〝実践〟と言ったって、目の前のことを一生懸命やるだけだよ。失敗もすると思う。でもそれがなんなんだろうか？　普通の人生で事なかれ主義で生きていく方がリスキーじゃないのか？　僕はそう感じてしまう。

親兄弟から言われた「ああしなさい」「こうしなさい」ということを僕は聞かなかった。地元を離れた時も、白い目で見られた。特に兄からは引っ越しした時に「行方不明」とまで言われるくらい僕の生き方は自分の親兄弟からしてみれば非常識なものやったのかもしれない。でも、東京とかニューヨーク、シンガポールに行くとそんなこと気にも掛けていられないくらい世の中は広いということに気づいた。僕の知っている世界なんてまだまだ全然狭いと思う。もし、あなたが自分の知っている世界だけがすべてだと思っているなら、世界中の大富豪に手紙を書いて会ってみるといい。絶対に価値観が変わるだろう。自分の知っている常識なんて世界や宇宙空間からしてみればミクロ以下の話である。

僕もまだまだ勉強中やけど、この本があなたの情熱に熱を与えてくれて、それが誰かの役に立てられるのであれば、それほどうれしいことはない。自分の好きなことをやればいい……こんなことを言うと僕みたいに親兄弟、親戚のおじさんやおばさん、友だち、上司や部下、会社の社長さんから顰蹙《ひんしゅく》を買うかもしれない。でも、それが何なんだろうか？　好きなことをやって生きてはいけないとか、そんなに世の中は甘くないとか……そんなセリフは好きなことで生きていくことを「あきらめた人」が言う捨て台詞、負け犬の遠吠えなだけである。僕の大好きな人がこんなことを言っていた。

人生は
自由に生きていい。
それを自分の人生で
証明せよ。

自分の人生である。誰にも遠慮なく思いっきり自由に生きてもいいと思わないか？　堅苦しい型に嵌まった生き方をしても自由に生きても同じだけの時間がすぎていく。あなたがどっちを選ぶかはわからない。どっちが良いか悪いかでもない。「あなたがどうしたいか？」だけである。このシンプルな質問に答えてほしい。その結果、型に嵌まっていく人生が自分の中で正解ならそれをすればいい。人生に与えられた機会はみんな平等である。

あなたの情熱が実りますように。そして、またどこかであなたにお会いできることを楽しみにしています。社交辞令は嫌いやからハッキリ言うけど、またどこかで会いたいです。マジで。

最後になりましたが、この本を出すのにたくさんの方たちに協力をしていただきましたのでお礼を申し上げたいと思います。湊さん、貝瀬さん、別所さん、ゾウさん、圭太くん、みっちゃん、ジョー、チカ、オト、多恵ちゃん、ヒロキ、イデちゃん、てっちゃん、本当にご協力していただきありがとうございました。

お父さん、お母さん、お姉ちゃん、お兄ちゃん、おばあちゃん、天国にいるおじいちゃん、あなたたち家族が僕のことをここまで育ててくれなかったら僕の人生はなかったです。今まで見守ってくれてありがとう。これからもがんばります。

ＭＳＤ増田塾やビジネスを組んでくださった、ダイレクト出版の小川さん、寺本さん、山田さん、ＨＣの木下さん、野口さん、横山さん、臂さん、アメリカにいるダン・ケネディー、マスター、僕にたくさんのことを教えていただき感謝してます。大きくなって恩返しさせていただきます。

塾の仲間やサポートしてくださったスタッフの方々、本当にありがとうございました。僕がここまで来れたのは、あなたたちの存在があるからです。本当に涙が止まりません。うれしい日々をありがとうございました。

この本を手に取っていただきありがとうございました。素晴らしい日本を創っていきますので見ててください。

2017年12月　ますだたくお

お客様がザクザク集まる！

special favor

購入者特典

ますだたくお 101の法則

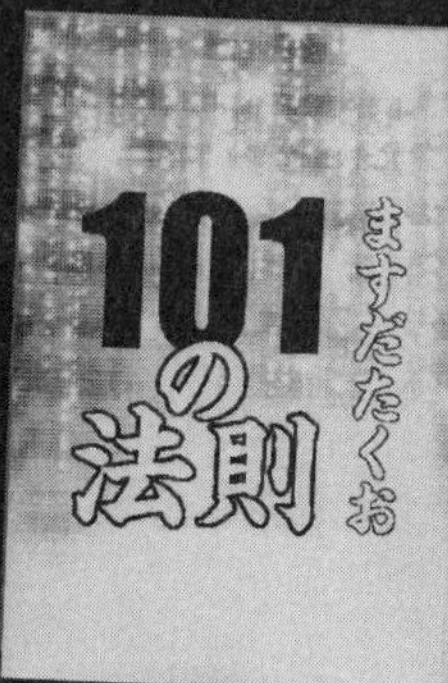

書籍購入者の方には、
「ますだたくお 101 の法則」
およそ 50 ページの小冊子プレゼント！

※本特典は著者のますだたくお先生が提供するものであり、発行元の株式会社すばる舎はその内容に関知しません。また、株式会社すばる舎は、本特典の配布終了などを理由とする返本・返金などには応じませんので、あらかじめご了承ください。

http://shoubainin.com/

STEP 01
著者『ますだたくお』の実物に会える
『商売人の学校』web サイトへ

STEP 02
トップページの「書籍購入者特典」
アイコンをクリック

STEP 03
『書籍購入特典』の入力
フォームに必要事項を
ご記入ください。

「101 の法則」のうちたった 10 個試しただけで、あなたのお店にザクザクとお客様が集まることを保証します。（ますだたくお）

著者
ますだたくお（増田拓保）

1980年生まれ。治療家、事業家、店舗集客請負人。店舗経営者や自営業者に集客やサービス向上のノウハウとビジネスマインドを伝えるために日夜活動しているカリスマ経営コンサルタント。現在は、店舗経営のためのMSD増田塾、セラピストのためのMJ増田塾、インターネットコンサルタントのためのCLUBなど各種コンサルタント事業を展開。過去に自身が創り出したペラ1枚の広告で電話回線がパンクするくらい集客したという実績・経験をベースに、治療院、クリニック、飲食店、工務店、パソコンスクール、美容室など202業種の経営者を指導し、平均利益向上率3.8倍を達成。個別に請負っているコンサルティングは1年間のフィーが1000万円と超高額にもかかわらず、288社の経営者が参加している。自身も店舗経営者として現場に立つ「現場主義」をモットーとしており、自身が年間数億円の広告費を投資した科学的な数値測定に基づいた指導により、全国の悩める経営者を救済している。メールマガジン「ますだたくおのメルマガ」（毎日発行、無料）は約3万1000人が購読。「ますだたくおのつぶやきブログ」（http://masudatakuo.blogspot.jp/）の1日当たりアクセス数は2000〜1万5000人。Facebookページ「商売人の学校」（非公開グループ）の登録者数1990人。MJ増田塾・MSD増田塾の塾生約300人。セミナー参加者数は1カ月当たり約1000人。

情熱をお金に変える方法

2018年2月26日　第1刷発行

著　者――ますだたくお
発行者――徳留 慶太郎
発行所――株式会社すばる舎
東京都豊島区東池袋 3-9-7 東池袋織本ビル　〒170-0013
TEL 03-3981-8651（代表）　03-3981-0767（営業部）
振替 00140-7-116563
http://www.subarusya.jp/
印　刷――シナノ印刷株式会社

落丁・乱丁本はお取り替えいたします
©Takuo Masuda 2018 Printed In Japan
ISBN978-4-7991-0693-8

●すばる舎の本●

死ぬまでズーっと、他人に時間を奪われる人生。
本当に、あなたは後悔しませんか?

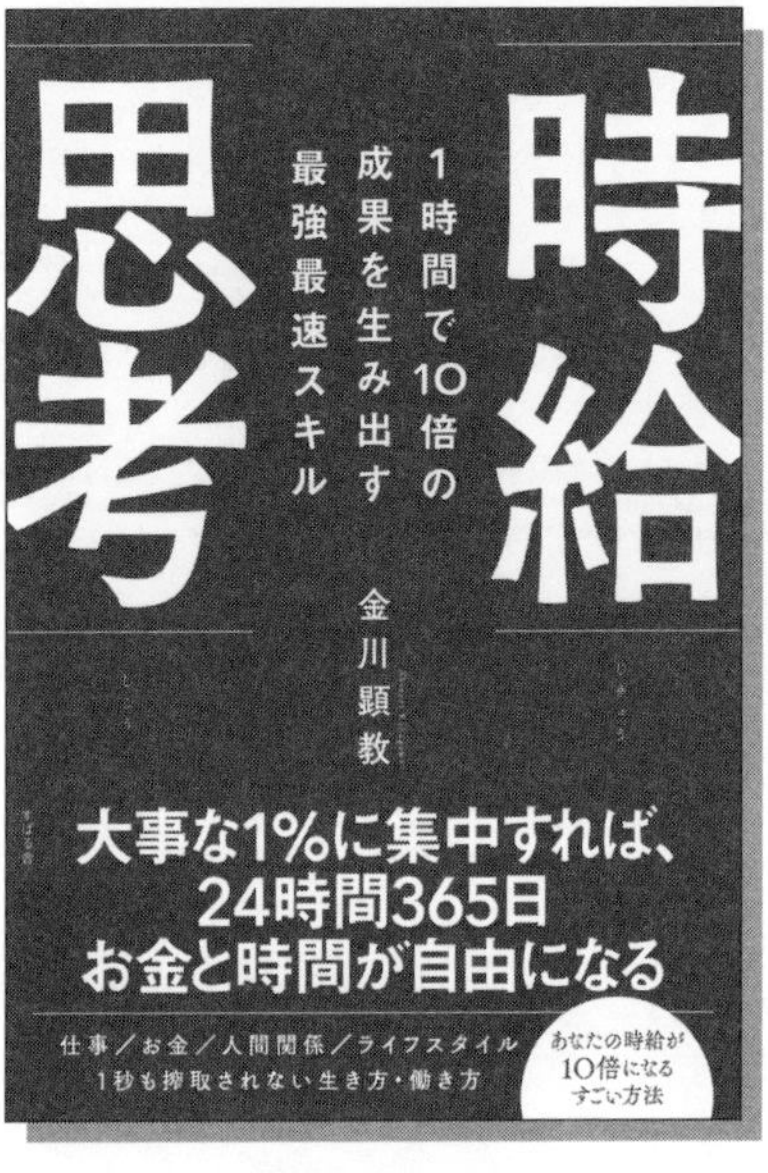

1時間で10倍の成果を生み出す最強最速スキル
時給思考

金川 顕教［著］

◎四六判並製　◎定価:本体1400円(+税)　◎ISBN978-4-7991-0640-2

本書では、時給を意識することで仕事や人間関係のムダを省き、1時間で10倍の成果を生み出す方法を教えます!

http://www.subarusya.jp/

●すばる舎の本●

仕組みがわかれば、あなたも今すぐ
心理テクニックを使える!

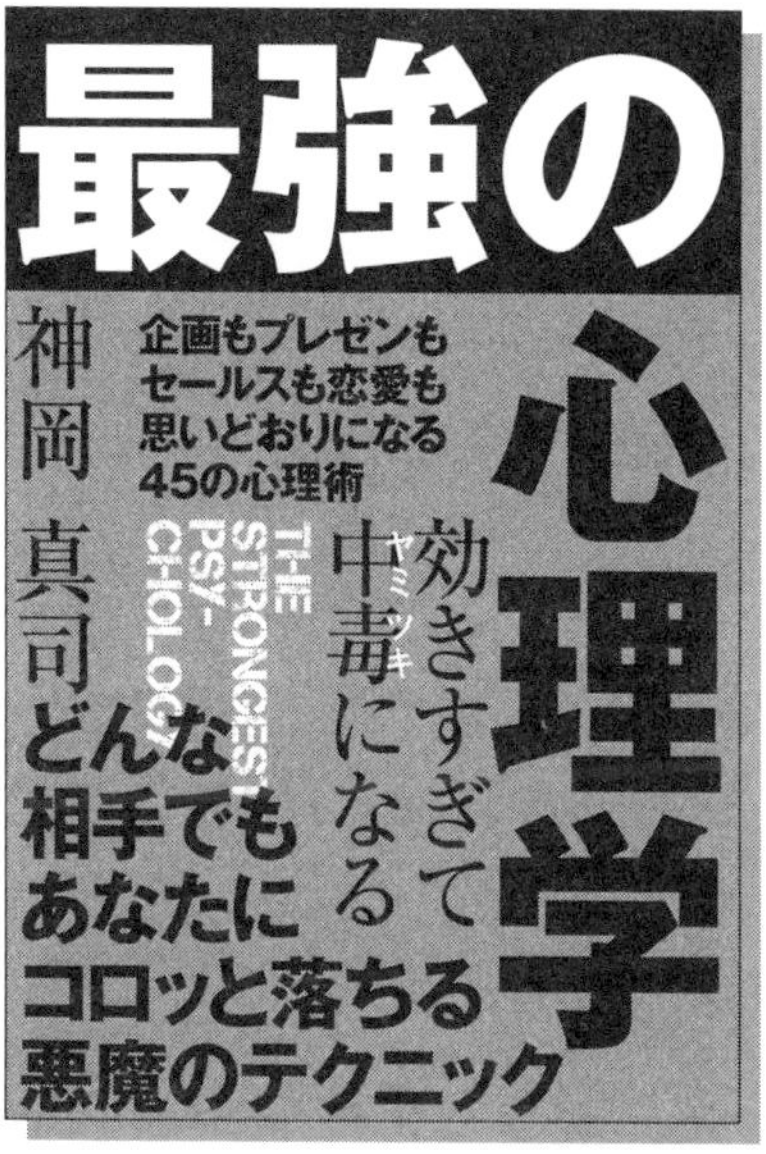

効きすぎて中毒になる 最強の心理学

神岡 真司[著]

◎四六判並製　◎定価:本体1400円(+税)　◎ISBN978-4-7991-0607-5

ベストセラー『ヤバい心理学』の神岡真司が厳選に厳選を重ねた効きすぎる45の心理テクニック! 職場・プライベートで、相手の行動・感情を意のままに動かせる!?

http://www.subarusya.jp/

●すばる舎の本●

「世界一多忙な上司」から一発OKを
引き出しまくったすごい方法!

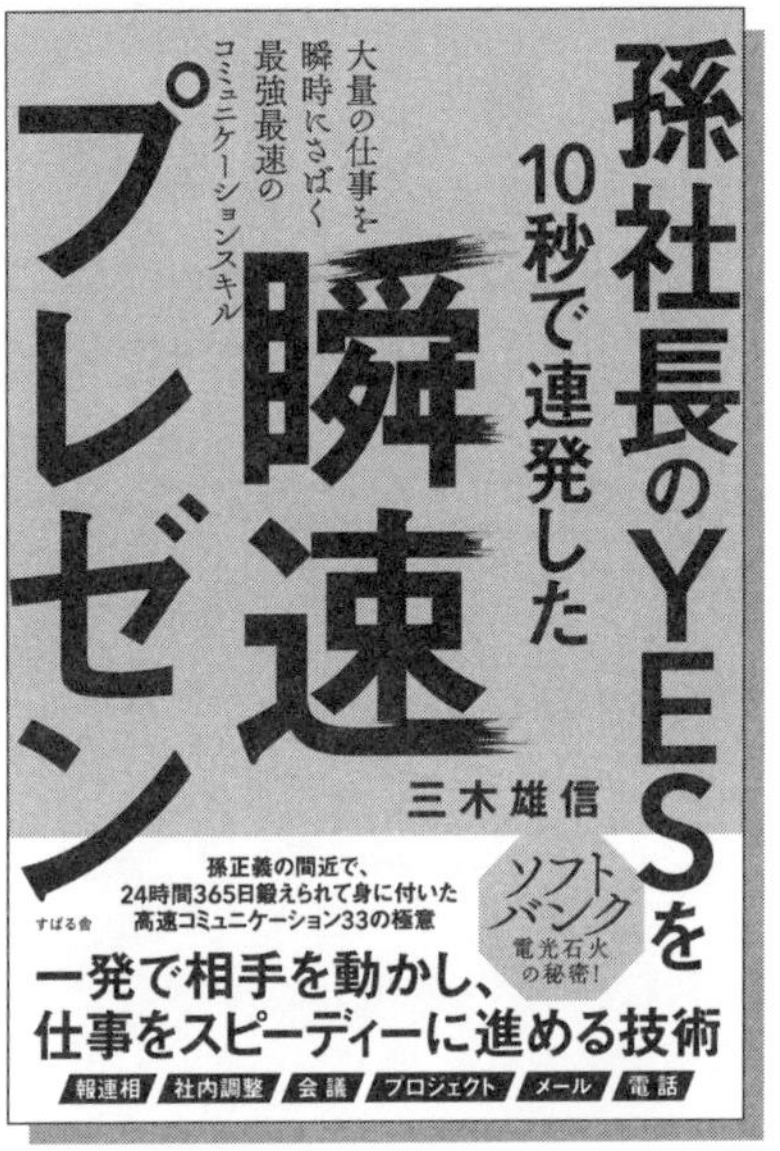

孫社長のYESを10秒で連発した
瞬速プレゼン

三木 雄信[著]

◎四六判並製 ◎定価:本体1400円(+税) ◎ISBN978-4-7991-0639-6

仕事のコミュニケーションで悩むビジネスマンなら、必ず知っておきたい! 上司も部下も、瞬時に動かすコミュニケーションスキルを大解剖!!

http://www.subarusya.jp/